COLONIE DE MADAGASCAR ET DÉPENDANCES

DOCUMENTS

RELATIFS A L'ORGANISATION

DE

L'ASSISTANCE MÉDICALE INDIGÈNE

TANANARIVE

Imprimerie Officielle

—

1918

COLONIE DE MADAGASCAR ET DÉPENDANCES

DOCUMENTS

RELATIFS A L'ORGANISATION

DE

L'ASSISTANCE MÉDICALE INDIGÈNE

TANANARIVE

Imprimerie Officielle

—

1918

1

ORGANISATION GÉNÉRALE

DE

L'ASSISTANCE MÉDICALE INDIGÈNE

DÉCRET DU 2 MARS 1904

portant organisation du service de l'assistance médicale et de l'hygiène publique indigènes à Madagascar et Dépendances

ART. 1er. — Le service de l'assistance médicale et de l'hygiène publique indigènes à Madagascar et Dépendances est placé, sauf en ce qui touche la partie administrative et financière, sous la direction du directeur du service de santé de la Colonie, qui est assisté d'un comité central consultatif siégeant à Tananarive, dont la composition et les attributions sont réglées par arrêté du Gouverneur Général.

ART. 2. — Dans chacune des provinces de la colonie de Madagascar où existe le service de l'assistance médicale et de l'hygiène publique indigènes, conformément a : dispositions de l'article 10 du présent décret, il est institué un budget autonome dit *Budget de l'assistance médicale indigène*, dont l'administrateur chef de la province est ordonnateur.

Ce budget, établi annuellement par l'administrateur, est approuvé par le Gouverneur Général en conseil d'administration, après avis du comité central.

ART. 3. — Le budget de l'assistance est alimenté en recettes :

1° Par la taxe spéciale de l'assistance médicale dont l'assiette et le taux sont fixés par arrêté du Gouverneur Général en conseil d'administration ;

2° Par le produit des cessions de médicaments à titre remboursable ;

3° Par le produit du remboursement des journées d'entretien des malades payants dans les établissements hospitaliers ;

4° Par les dons manuels des fokonolona ;

5° Par le produit des dons et legs pouvant être attribués à la Colonie, à charge d'être employés au profit du service de l'assistance médicale de la province ou de tel établissement déterminé ;

6° A titre éventuel, par l'excédent de recettes du budget de l'exercice précédent.

ART. 4. — Le budget de l'assistance médicale indigène supporte toutes les dépenses ressortissant à ce service, savoir:

1° Part contributive aux dépenses générales du service central ;

2° Solde et accessoires de solde du personnel hospitalier ;

3° Fonctionnement des établissement hospitaliers ;
4° Travaux de construction neufs ou d'entretien ;
5° Achats de médicaments pour les indigènes ;
6° Frais de transport du personnel et du matériel ;
7° Dépenses diverses et imprévues.

ART. 5. — Dans chaque province où fonctionne le service de l'assistance médicale et de l'hygiène publique indigènes, est instituée une commission régionale dont la composition et les attributions sont fixées par arrêté du Gouverneur Général.

ART. 6. — Les hôpitaux et léproseries ainsi que les autres établissements hospitaliers dépendant de l'assistance médicale ou annexés aux hôpitaux (asiles, orphelinats, etc.) sont créés par arrêtés du Gouverneur Général.

ART. 7. — L'admission et l'entretien des indigènes dans les hôpitaux et autres établissements sont gratuits dans les salles communes. Des salles spéciales peuvent être aménagées dans ces mêmes établissements à l'usage de malades payants.

Les consultations et les délivrances de médicaments, dans les hôpitaux ou dans les salles de consultation, sont également gratuites.

ART. 8. — Les administrateurs chefs de province, après avis conforme de leur commission régionale et suivant les conditions fixées par le Gouverneur Général, peuvent autoriser les établissements de bienfaisance privés à recevoir des malades ou des pensionnaires, moyennant le remboursement des frais d'hospitalisation par le budget provincial de l'assistance médicale indigène.

La commission régionale d'assistance médicale de la province exerce sur ces établissements un contrôle technique et administratif dont le fonctionnement est déterminé par arrêté du Gouverneur Général.

ART. 9. — Le Gouverneur Général règle par voie d'arrêté :
1° Le mode d'ordonnancement et de régularisation des opérations effectuées au compte des budgets autonomes de l'assistance médicale indigène ;
2° Le personnel chargé de l'économat des établissements hospitaliers, de la tenue de caisse et de la comptabilité ;
3° Le tarif et les conditions des cessions de médicaments aux particuliers, ainsi que du remboursement des journées d'hospitalisation des malades payants ;
4° Le fonctionnement intérieur des établissements hospitaliers, le service des médecins inspecteurs de l'assistance médicale, des médecins des établissements et du personnel hospitalier ;
5° Toutes autres questions de détail ayant pour objet l'application du présent décret et non contraires à ses dispositions.

Art. 10. — Les dispositions du présent décret sont applicables aux provinces dans lesquelles le service de l'assistance médicale indigène fonctionne en vertu de l'arrêté local du 13 juillet 1903.

Le Gouverneur Général pourra, par arrêtés pris en conseil d'administration, étendre l'application du présent décret et des règlements locaux aux autres circonscriptions administratives de la Colonie dans lesquelles la création du service de l'assistance médicale indigène sera jugée possible et opportune.

Art. 11. — Le Ministre des colonies est chargé de l'exécution du présent décret qui sera publié aux *Journaux Officiels* de la République française et de la Colonie de Madagascar et inséré au *Bulletin Officiel* du ministère des colonies.

DÉCRET DU 21 JUILLET 1910

établissant un budget unique de l'assistance médicale indigène à Madagascar

ART. 1er. — Les articles 2, 3, 4, 8 et 9 du décret du 2 mars 1904, portant organisation du service de l'assistance médicale et de l'hygiène publique indigènes à Madagascar et Dépendances, sont modifiés ainsi qu'il suit :

Art. **2.** — Il est constitué un budget autonome dit « Budget de l'assistance médicale indigène » pour l'ensemble des provinces dans lesquelles est perçue la taxe spéciale de l'assistance médicale, ou pour lesquelles le budget local accorde une subvention en vue de l'organisation et du fonctionnement de l'assistance médicale.

Ce budget est établi annuellement par le Gouverneur Général en conseil d'administration, après avis du comité central consultatif.

L'ordonnateur du budget local est également ordonnateur du budget de l'assistance médicale indigène ; les opérations de recettes et de dépenses de ce dernier budget sont exécutées par les comptables du trésor sous la responsabilité du trésorier-payeur de la Colonie, qui en effectue la centralisation dans les mêmes conditions que pour les opérations du budget local.

Art. **3.** — Le budget autonome de l'assistance est alimenté en recettes :

1° Par la taxe spéciale de l'assistance médicale dont l'assiette et le taux sont fixés par arrêté du Gouverneur Général en conseil d'administration ;

2° Par le produit des cessions de médicaments à titre remboursable ;

3° Par le produit du remboursement des journées d'entretien des malades payants dans les établissements hospitaliers ;

4° Par les dons manuels des fokonolona ;

5° Par le produit des dons et legs pouvant être attribués à la Colonie, à charge d'être employés au profit du service de l'assistance médicale ou de tel établissement déterminé ;

A titre éventuel, par l'excédent de recettes du budget de l'exercice précédent.

Art. **4.** — Le budget autonome de l'assistance médicale indigène supporte toutes les dépenses ressortissant à ce service, savoir:

1° Dépenses générales du service central ;

2° Solde et accessoires de solde du personnel hospitalier ;

3° Fonctionnement des établissements hospitaliers ;

4° Travaux de construction neufs ou d'entretien ;

5° Achats de médicaments pour les indigènes ;

6° Frais de transport du personnel et du matériel ;

7° Dépenses diverses et imprévues.

Art. 8. — Le Gouverneur Général peut autoriser les établissements de bienfaisance privés à recevoir des malades ou des pensionnaires, moyennant le remboursement des frais d'hospitalisation par le budget autonome de l'assistance médicale indigène.

La commission régionale d'assistance médicale de la province exerce sur ces établissements un contrôle technique et administratif dont le fonctionnement est déterminé par arrêté du Gouverneur Général.

Art. 9. — Le Gouverneur Général règle par voie d'arrêté, en conformité des règlements financiers :

1° Le mode d'ordonnancement et de régularisation des opérations effectuées au compte du budget autonome de l'assistance médicale indigène ;

2° L'organisation du personnel chargé de l'économat des établissements hospitaliers, de la tenue de la caisse et de la comptabilité ;

3° Le tarif et les conditions des cessions de médicaments aux particuliers, ainsi que du remboursement des journées d'hospitalisation des malades payants ;

4° Le fonctionnement intérieur des établissements hospitaliers, le service des médecins des établissements et du personnel hospitalier ;

5° Toutes autres questions de détail ayant pour objet l'application du présent décret et non contraires à ses dispositions.

ART. 2. — Le Ministre des colonies est chargé de l'exécution du présent décret qui sera publié aux *Journaux Officiels* de la République française et de la colonie de Madagascar, au *Bulletin des Lois* et au *Bulletin Officiel* du ministère des colonies.

ARRÊTÉ DU 31 DÉCEMBRE 1910

portant réorganisation des services de l'assistance médicale indigène, par application dn décret du 2 mars 1904 modifié par celui du 21 juillet 1910.

TITRE Ier

Dispositions générales

ART. 1er. — Les services de l'assistance médicale et de l'hygiène publique indigènes sont placés, au point de vue technique, sous la direction du directeur du service de santé qui est assisté, en cette qualité, d'un comité central consultatif siégeant à Tananarive. Ce comité a pour mission l'initiative et l'examen de toutes les mesures à prendre pour améliorer et étendre le fonctionnement des services de l'assistance médicale et de l'hygiène publique indigènes.

Le comité central consultatif donne son avis sur les projets de budget concernant l'assistance médicale indigène, avant l'établissement de ce budget par le Gouverneur Général en conseil d'administration. Il donne également son avis sur l'emploi du reliquat constaté en fin d'exercice et provenant de l'excédent des recettes sur les dépenses.

ART. 2. — Le comité central consultatif de l'assistance médicale et de l'hygiène publique indigènes est composé ainsi qu'il suit :

Le directeur du service de santé, *président* ;

Deux administrateurs des colonies, dont un attaché à la direction des finances ;

Un délégué de la chambre consultative de Tananarive ;

Deux médecins français, dont un secrétaire du comité ;

Deux gouverneurs principaux indigènes ;

Deux médecins indigènes de colonisation, dont un secrétaire-adjoint du comité.

ART. 3. — Il est créé, dans chaque province, une commission de l'assistance médicale indigène qui est appelée à donner son avis sur le projet de budget de l'assistance de la province et sur toutes les questions qui lui seront soumises au sujet de cette organisation.

Cette commission est composée de la manière suivante :

L'administrateur chef de la province, *président* ;

Le médecin inspecteur de la province, *secrétaire* ;

Un fonctionnaire européen de la province ;

Un représentant du service des travaux publics ;

Le gouverneur principal indigène de la province ;

Un médecin indigène de colonisation ;
Trois notables indigènes.

Art. 4. — Les membres du comité central consultatif sont nommés par le Gouverneur Général. Les membres des commissions régionales seront nommés par décisions locales des chefs de province soumises à l'approbation du Gouverneur Général.

Art. 5. — Dans chaque province, le service de l'assistance médicale est dirigé par l'administrateur, secondé lorsqu'il est possible, dans tous les détails du service, par un médecin européen qui prend le titre de médecin inspecteur de l'assistance médicale.

Art. 6. — Le médecin inspecteur a pour attributions :

1° L'établissement, la vérification et la centralisation des pièces de la comptabilité financière en vue de la liquidation des dépenses ainsi que des pièces de comptabilité-matières et de la comptabilité intérieure des formations ;

2° La préparation des marchés, cahiers des charges intéressant l'assistance médicale ;

3° La vérification et la centralisation de toutes les demandes de médicaments, matériel, etc., faites par les médecins et sages-femmes indigènes, ou l'établissement, s'il y a lieu, de toutes demandes de cette nature ;

4° L'inspection, au point de vue technique, des établissements et du personnel de l'assistance médicale ;

5° Les propositions pour l'organisation de l'assistance médicale dans la province, lors de l'établissement du plan de campagne ou en cours d'exercice ;

6° L'inspection au point de vue technique, comme délégué du directeur du service de santé, des établissements privés subventionnés par l'assistance médicale, des maisons de santé, des dépôts de médicaments.

A défaut de médecin inspecteur, les attributions d'ordre administratif sont remplies par un agent des services civils.

Art. 7. — Les établissements de l'assistance médicale sont classés d'après les catégories suivantes :

1° Hôpitaux (avec ou sans maternité annexée) ;
2° Maternités indépendantes ;
3° Postes médicaux avec maternité ;
4° Léproseries ;
5° Postes médicaux.

Les hôpitaux, maternités indépendantes, postes médicaux avec maternité et léproseries sont créés et supprimés par arrêté du Gouverneur Général, après avis du comité central consultatif.

Les simples postes médicaux sont créés et supprimés par décision du chef de la province soumise à l'approbation du Gouverneur Général, après avis du directeur de l'assistance médicale indigène.

ART. 8. — Ont droit à l'hospitalisation gratuite, aux consultations et délivrances de médicaments à titre gratuit : 1° les indigènes de la Colonie assujettis à la taxe de l'assistance médicale ; 2° les vieillards, les femmes et enfants de race malgache.

Sont traités à charge de remboursement au profit du budget annexe de l'assistance médicale : les militaires indigènes, les agents indigènes de la garde régionale, les agents indigènes de la police judiciaire et administrative, les condamnés, et, d'une manière générale, tous les indigènes qui ne sont pas soumis au paiement de la taxe de l'assistance médicale. Les frais de traitement et d'hospitalisation sont remboursés par le budget qui entretient ces indigènes.

ART. 9. — Les détails du service intérieur sont réglés, dans les établissements de l'assistance médicale, par un règlement général approuvé par le Gouverneur Général.

TITRE II

Tarifs de remboursement des journées d'hospitalisation

ART. 10. — Les tarifs de remboursement des journées d'hospitalisation sont ainsi fixés :

Européens .... 3 fr. »
Indigènes âgés de plus de 12 ans...................... 0   75
Indigènes âgés de moins de 12 ans.,................... 0   50

Les lépreux, aliénés et incurables sont traités dans des établissements spéciaux aux frais de leur province d'origine.

Des prix spéciaux de remboursement sont fixés par arrêté pour ces malades.

Des arrêtés spéciaux peuvent fixer des prix différents pour les Européens ou pour les assimilés hospitalisés dans certains hôpitaux.

ART. 11. — Les médicaments sont cédés aux Européens et assimilés résidant à plus de 10 kilomètres d'une localité pourvue d'un pharmacien civil, dans les conditions fixées par le règlement intérieur des formations.

Le prix de cession est le prix de revient majoré de 25 0/0.

Le prix de revient, à défaut d'autres éléments d'appréciation, est le prix de facture majoré dans une proportion fixée par le directeur du service de l'assistance médicale indigène.

Cette majoration n'est pas faite quand les médicaments sont cédés à un autre service public (prison, garde régionale, etc.).

TITRE III

Mode d'ordonnancement des opérations effectuées au titre du budget de l'assistance médicale indigène

ART. 12. — Tous les règlements financiers du budget local en vigueur dans la Colonie sont applicables aux opérations de l'assistance médicale indigène.

ART. 13. — Les diverses pièces de comptabilité sont établies, sur les ordres de l'ordonnateur secondaire et sous sa responsabilité, par le médecin inspecteur comptable qui est secondé par un ou plusieurs écrivains indigènes dont la solde est à la charge du budget annexe.

Cette fonction de comptable de l'assistance médicale ne sera assurée par un agent des services civils que s'il est impossible de la confier au médecin inspecteur.

TITRE IV

Comptabilité-matières

ART. 14. — La comptabilité-matières de l'assistance médicale est tenue conformément aux dispositions de l'instruction du 5 juillet 1909 sur la comptabilité-matières.

ART. 15. — Le directeur des finances et de la comptabilité est ordonnateur en matières pour tout ce qui appartient à l'assistance médicale.

Les chefs de province, commandants de cercle et chefs de district autonome sont ordonnateurs secondaires pour les opérations de comptabilité-matières effectuées dans leurs circonscriptions au, titre de l'assistance médicale.

ART. 16. — Le médecin inspecteur est dépositaire-comptable du matériel de l'assistance médicale en service dans la province.

Les médecins et sages-femmes chargés de diriger les formations sanitaires sont détenteurs effectifs du matériel réellement mis à leur disposition par l'article 212 de l'instruction du 5 juillet 1909.

Les matières consommables font partie de la comptabilité spéciale réglementée au titre suivant, conformément à l'article 282 de l'instruction du 5 juillet 1909.

TITRE V

Comptabilité intérieure des formations sanitaires

ART. 17. — Les médicaments, vivres et matières consommables font l'objet d'une comptabilité spéciale, conformément à l'article 282 de l'instruction du 5 juillet 1909.

ART. 18. — Les médecins et sages-femmes chefs de formation sanitaire tiennent deux registres : l'un, modèle n° 4 (1), pour les médi-

---

(1) Modèle n° 15 nouvelle nomenclature.

caments, l'autre, n° 5 (1), pour les vivres et autres matières consommables.

ART. 19. — Les médecins et sages-femmes chefs d'établissement
fournissent, en fin de mois, un état, modèle n° 6 (2), pour les médicaments, un deuxième pour les vivres et autres matières consommables
employés à l'hôpital, et un troisième pour les médicaments délivrés
aux consultants.

Chacun de ces états est établi en double expédition dont l'une est
classée aux archives et l'autre est adressée au médecin inspecteur
qui, après vérification, la soumet au visa de l'ordonnateur secondaire.

Au cours de ses tournées, le médecin inspecteur procède à tous
les rapprochements utiles entre les états n° 6 (2) fournis par les chefs
de formation sanitaire et les registres justifiant les consommations
(cahier de visite, registre des consultations, registre des entrées,
cahier de caisse, factures).

TITRE VI

Dispositions diverses

ART. 20. — Des avances pourront être faites, dans les conditions
réglementaires, au médecin inspecteur comptable qui les inscrira sur
un registre de caisse et répartira ces avances entre les formations
sanitaires suivant les besoins.

Le montant de ces avances sera strictement calculé de manière à
faire face aux besoins immédiats (achats de vivres frais, menues
dépenses).

L'emploi de ces avances sera justifié dans les formes prescrites
par l'arrêté du 20 mars 1903, fixant le mode d'ordonnancement et de
justification des avances faites pour l'exécution des services locaux
régis par économie.

ART. 21. — Les transports de personnel et de matériel faits au
titre de l'assistance médicale sont régis par les arrêtés en vigueur
fixant les conditions générales de transport du personnel et du
matériel appartenant au service local.

Toutefois, pour les tournées d'hygiène et de vaccination, les
médecins indigènes (dans certains cas, les sages-femmes) ont droit à
des porteurs de filanjana et de bagages dont la fixation sera réglée au
moyen de décisions prises par les chefs de province et soumises à
l'approbation du Gouverneur Général, après avis du directeur de
l'assistance médicale indigène.

---

(1) Modèle n° 16 de la nouvelle nomenclature.
(2) Modèle n° 5   id.

Liste des pièces périodiques à fournir et des registres à tenir

1° *Par l'ordonnateur secondaire*

a) Comptabilité des recettes : les pièces réglementaires ;

b) Comptabilité des dépenses : situation administrative modèle n° 2 (1) (mensuelle) ; une situation annuelle est fournie sous la même forme (un exemplaire à la direction des finances, un exemplaire à la direction de l'assistance médicale indigène).

2° *Par le médecin inspecteur ou le comptable de l'assistance médicale indigène*

a) Registre de caisse (avances aux formations sanitaires) ;

b) Grand-livre, modèle n° 2 *bis* ;

c) Etat appréciatif, modèle n° 9 de l'instruction du 5 juillet 1909 (trimestriellement, deux expéditions à adresser à la direction des finances) ;

d) Compte de gestion, modèle n° 10 de l'instruction du 5 juillet 1909 (annuel, deux expéditions à adresser à la direction des finances en fin d'exercice) ;

e) Etat des dépenses liquidées sur les avances faites avec factures à l'appui (mensuel, en double expédition), modèle n° 7 (2).

3° *Par les chefs d'établissement (médecins ou sages-femmes)*

MENSUELLEMENT

a) Etat des médicaments consommés à l'hôpital, modèle n° 6 (3) ;

b) Etat des médicaments délivrés aux consultants, modèle n° 6 (3) ;

c) Etat des vivres et autres matières consommables, modèle n° 6, dépensés à l'hôpital (3) ;

d) Etat des dépenses liquidées sur avances (factures à l'appui), modèle n° 7 (2).

ANNUELLEMENT

a) Inventaire du matériel (modèle n° 40 de l'instruction du 5 juillet 1909) ;

b) Registre du matériel de durée (modèle n° 3) (4).

c) Registre des matières consommables (un registre pour les médicaments, modèle 4 (5) ; un registre pour les vivres et autres, modèle n° 5) (6) ;

d) Carnet de caisse (modèle n° 22 (7) du règlement du 27 mai 1909).

---

(1) Modèle n° 3 de la nouvelle nomenclature.
(2) Modèles n° 6 et 6 *bis*   id.
(3) Modèle n° 5   id.
(4) Modèle n° 14   id.
(5) Modèle n° 15   id.
(6) Modèle n° 16   id.
(7) Modèle n° 7   id.

Art. 22. — Toutes autres dispositions contraires, notamment l'arrêté du 13 juillet 1903 sur l'assistance médicale indigène, sont abrogées.

Art. 23. — Le directeur des finances et de la comptabilité, le directeur du service de santé et de l'assistance médicale indigène et les chefs de province sont chargés, chacun en ce qui le concerne, de l'application du présent arrêté dont l'effet comptera à partir du 1er janvier 1911.

ARRÊTÉ DU 2 AVRIL 1912
fixant le prix de la journée d'hospitalisation des Européens traités dans les formations sanitaires de l'assistance médicale indigène

....

ART. 1er. — L'article 10 de l'arrêté du 31 décembre 1910 est modifié comme suit :

« Les tarifs de remboursement des journées d'hospitalisation sont ainsi fixés :

     Européens............................. 4 francs

....

INSTRUCTIONS DU 15 FÉVRIER 1911

pour l'application de l'arrêté du 31 décembre 1910, portant réorganisation des services de l'assistance médicale indigène, par application
des décrets du 2 mars 1904 et du 21 juillet 1910.

L'arrêté du 31 décembre 1910 a pour but de réviser l'organisation
administrative de l'assistance médicale et de la mettre d'accord avec
les dispositions du décret du 21 juillet 1910, portant suppression des
budgets autonomes et création d'un budget annexe de l'assistance
médicale.

Cet arrêté abroge celui du 13 juillet 1903 qui ne s'adaptait plus à
l'organisation actuelle et devait être modifié par suite de l'application
de l'instruction du 5 juillet 1909 sur la comptabilité-matières. En
outre, l'expérience a montré que la comptabilité des matières consommables, telle qu'elle était organisée par l'arrêté du 13 juillet 1903,
était compliquée et mal comprise par les médecins indigènes.

Les présentes instructions expliquent comment doivent être
appliquées les dispositions nouvelles.

Art. 3. — La composition de la commission provinciale de l'assistance médicale a été légèrement modifiée. Un représentant du service
des travaux publics a été adjoint à cette commission en raison de
l'importance que peut avoir la fixation des crédits à affecter aux
travaux neufs et grosses réparations au moment de l'établissement
du plan de campagne ; les prix des constructions varient, en effet, de
façon notable d'une province à l'autre.

L'entrée de ce membre européen dans la commission provinciale
est compensée par l'adjonction d'un troisième notable indigène.

La commission provinciale a surtout pour rôle la préparation du
plan de campagne détaillé et spécial a la province, devant servir à
l'établissement du budget annexe d'ensemble.

Dans chaque province, les prévisions de dépenses inscrites à ce
plan de campagne devront être proportionnées aux recettes faites
au titre de l'assistance médicale dans la province même.

Aucune subvention spéciale du budget général ne devra entrer
en ligne de compte dans ce plan de campagne.

Une somme au moins égale au 1/10e des recettes devra être
réservée pour les dépenses générales du service de l'assistance médicale.

Le plan de campagne est établi d'après le modèle n° 1 (1) ci-joint ;

---

(1) Modèle n° 2 de la nouvelle nomenclature.

il est fourni à la date du 15 juillet pour l'exercice suivant. Il est accompagné d'un rapport explicatif faisant ressortir les modifications apportées par la commission au plan de campagne de l'année précédente.

Art. 6. — Le médecin inspecteur doit établir, vérifier, centraliser toutes les pièces se rapportant :

1° A la comptabilité financière ;

2° A la comptabilité-matières ;

3° A la comptabilité intérieure des formations sanitaires.

Ce rôle lui est dévolu parce que l'expérience a montré qu'en matière d'assistance médicale, l'organisation technique est inséparable de la gestion administrative.

Comme délégué technique du directeur du service de santé, le médecin inspecteur a le devoir de surveiller les médecins libres, les dépôts de médicaments, les établissements libres subventionnés ou non par l'assistance médicale (maisons de santé, léproseries privées, etc.) par application des dispositions de l'arrêté du 8 décembre 1909.

Le médecin inspecteur est le chef direct du personnel de l'assistance médicale ; il propose au chef de la province toutes les mesures intéressant le personnel et établit les bulletins individuels de notes annuelles.

Art. 7. — La classification indiquée à cet article comprend les établissements permanents ayant une administration particulière.

Les médecins mobiles sont rattachés à une formation ; le poste mobile est un emploi et non une formation permanente ayant une comptabilité à part.

Art. 8. — Le droit aux secours de l'assistance est formellement limité, comme l'indique le texte de cet article, aux individus de tout âge et de tout sexe possédant le statut de sujet malgache.

Les Indiens, Chinois, etc., sont assimilés aux Européens et ne peuvent recevoir les soins par l'assistance médicale qu'à titre de remboursement.

De même, le remboursement des frais d'hospitalisation, délivrances de médicaments, etc., occasionnés par la garde régionale, la police administrative, les condamnés, etc., doit être poursuivi régulièrement chaque mois contre le budget local au profit du budget annexe.

Des états décomptés sont fournis dans ce but, en temps voulu, par le médecin inspecteur au chef de la province.

Art. 9. — Sauf en quelques détails insignifiants, le règlement du 27 mai 1909 reste entièrement applicable.

Art. 10. — Le prix de remboursement des journées d'Européens a été légèrement élevé. Il reste entendu que ces hospitalisations doivent être réduites au strict nécessaire et réservées aux cas d'urgence ; l'assistance médicale est, en effet, entièrement destinée aux indigènes et ne peut faire, pour les Européens et assimilés, des dépenses qui ne soient intégralement remboursées. L'hospitalisation des Européens et assimilés dans les formations sanitaires de l'assistance médicale, doit être réservée aux malades peu fortunés. Les autres personnes et les fonctionnaires n'y doivent être admis qu'en cas d'urgence et en attendant la possibilité de leur évacuation sur un établissement du service général.

Le tarif indiqué à cet article est celui qui doit être appliqué aux miliciens, agents de police, condamnés de droit commun, etc.

Le prix de remboursement des journées de lépreux reste, jusqu'à nouvel ordre, fixé par l'arrêté du 15 janvier 1910. .

Les arrêtés spéciaux concernant les hôpitaux d'Andovoranto et Nosy-Bé restent en vigueur

Art. 11. — Des instructions précises seront données pour l'application stricte, par les médecins indigènes, de cet article 11 et des articles 44, 45 et 46 du règlement du 27 mai 1909.

Les médicaments ne peuvent être délivrés à titre gratuit qu'aux indigènes ayant droit aux secours de l'assistance médicale.

Art. 12 et 13. — Il appartient aux ordonnateurs secondaires de donner aux médecins inspecteurs comptables tous les ordres nécessaires à l'établissement des pièces de la comptabilité financière (Demandes de délégation de crédits, mandats de paiement, etc.).

La comptabilité des ordonnateurs secondaires est tenue d'après les règles posées par les instructions du 1er juillet 1909 et du 27 août 1909.

Le médecin inspecteur comptable inscrit sur un registre de liquidation (modèle n° 68 de l'instruction du 1er novembre 1899), toutes les dépenses liquidées par lui, au fur et à mesure qu'elles se produisent.

L'ordonnateur secondaire donne tous les ordres de détail pour le paiement des dépenses effectuées en dehors du chef-lieu. Ces dépenses sont payées conformément aux instructions relatives aux caisses de district.

Les dépenses liquidées sont portées chaque mois sur la situation administrative (modèle n° 2 (1) ci-joint), qui remplace les relevés modèles nos 1 et 2 de l'arrêté du 13 juillet 1903.

Une situation administrative annuelle est fournie, dans les mêmes formes, aussitôt que possible après le 31 décembre de chaque année.

Art. 14, 15 et 16. — La comptabilité-matières est tenue dans les formes réglementaires, pour le matériel de durée, par le médecin inspecteur dépositaire-comptable, sous le contrôle et la responsabilité de l'ordonnateur secondaire.

Tout le matériel est considéré comme matériel en service.

La constitution d'approvisionnements et de magasins est interdite.

(1) Modèle n° 3 de la nouvelle nomenclature.

Le médecin inspecteur a le devoir de procéder, au cours de ses inspections, à des inventaires et recensements partiels permettant de tenir constamment à jour la comptabilité-matières.

Des recensements généraux et partiels sont faits, en outre, dans les conditions prescrites par les articles 272 et suivants de l'instruction du 5 juillet 1909.

Dans chaque local de l'assistance médicale doit être affiché un inventaire du matériel de durée qui s'y trouve (modèle n° 40 de l'instruction du 5 juillet 1909).

Art. 17, 18 et 19. — Les matières consommables (médicaments, vivres, etc.) ne font pas partie de la comptabilité-matières. Leur emploi est suivi au moyen d'une comptabilité spéciale dite comptabilité intérieure des formations sanitaires.

Cette comptabilité spéciale est basée sur la tenue par chaque chef d'établissement (médecin ou sage-femme) de deux registres (modèles n°s 4 et 5 (1) ci-joints), l'un destiné à suivre la consommation des médicaments, l'autre l'emploi des vivres et autres matières consommables.

Les consommations journalières sont portées sur trois états d'un modèle unique (modèle n° 6) (2).

1° Un état est fourni pour les médicaments dépensés à l'hôpital ;

2° Un second pour les vivres et autres matières consommables ;

3° Un troisième pour les médicaments délivrés aux consultants ; c'est sur ce dernier que sont portés les médicaments délivrés aux médecins mobiles par la formation sanitaire pour être employés en tournée.

Chacun de ces états est établi en deux expéditions : l'une classée aux archives de la formation sanitaire, l'autre adressée au médecin inspecteur qui la fait viser par l'ordonnateur secondaire et la conserve dans ses archives.

Ces états sont vérifiés par le médecin inspecteur qui, au cours de ses tournées, fait tous les rapprochements utiles entre les registres modèles n°s 4 et 5 (1) d'une part, et d'autre part les registres de visite, des entrées, des consultations, etc.

Art. 20. — L'arrêté du 20 mars 1903 règle le mode d'ordonnancement et de justification des avances à faire au médecin comptable ; le maximum des avances pouvant être faites au médecin inspecteur comptable sera fixé par décision du Gouverneur Général sur la proposition du chef de province.

Les avances devront être aussi réduites que possible et calculées de manière à faire face aux besoins immédiats. Le médecin inspecteur

(1) Modèles n°s 15 et 16 de la nouvelle nomenclature.
(2) Modèle n° 5 de la nouvelle nomenclature.

comptable aura ainsi une encaisse aussi réduite que le permettent les menues dépenses à solder sur avances, menues dépenses par achats directs, etc.

Des mesures seront prises pour que les chefs d'établissement justifient rapidement les dépenses faites sur avances.

La passation de marchés pour les vivres (riz, viande) permet de réduire autant que possible les achats directs faits par les médecins indigènes. Ces achats directs doivent être surveillés de très près.

Le nombre de bourjanes à délivrer aux médecins indigènes et sages-femmes en tournée sera fixé par une décision permanente du chef de la province, décision approuvée par le Gouverneur Général.

Ce nombre devra être calculé de manière à répondre aux besoins qui varient suivant les régions, suivant la durée des tournées, suivant la longueur des étapes à parcourir sans arrêt, suivant la qualité des bourjanes.

Il sera donc utile d'établir un tableau fixant une certaine progression dans le nombre de bourjanes à accorder suivant les circonstances. La décision soumise à M. le Gouverneur Général devra être accompagnée d'un rapport faisant ressortir les conditions locales qui ont servi de base à la fixation du nombre des bourjanes.

Les médecins indigènes devront être surveillés à propos de l'emploi des bourjanes ; il leur est interdit de comprendre, parmi les bourjanes qui leur sont alloués pour les tournées, les hommes de peine employés au service de l'hôpital.

Il est bien entendu que médecins et sages-femmes retombent sous les règles appliquées à tous les fonctionnaires indigènes (arrêté du 9 janvier 1908) quand il s'agit de déplacements définitifs dans l'intérieur de la province ou d'une province à l'autre.

Il paraît utile d'indiquer aux médecins inspecteurs tous les points sur lesquels leurs investigations doivent porter quand ils visitent une formation sanitaire.

Ci-joint un compte rendu (modèle n° 8) (1) qui devra être rempli par le médecin inspecteur chaque fois qu'il inspectera un établissement.

L'original sera adressé à la direction de l'assistance médicale. Le médecin inspecteur en gardera une copie et, autant que possible, en enverra une copie au médecin indigène inspecté, afin que ce dernier connaisse les observations faites au sujet de sa gestion et puisse en tenir compte.

Les divers arrêtés pris depuis deux ans au sujet de l'organisation de l'assistance médicale ont notablement augmenté l'initiative et l'action du médecin inspecteur.

(1) Modèle n° 41 de la nouvelle nomenclature.

L'assistance médicale, dans son organisation intérieure, doit donc être considérée comme un service technique s'administrant lui-même. Sans diminuer le rôle du chef de la province, qui peut seul apprécier les conditions dans lesquelles l'assistance médicale doit donner son maximum de rendement au point de vue politique, et qui a la responsabilité de l'emploi des crédits comme ordonnateur secondaire, il est à désirer que le médecin inspecteur soit de plus en plus un chef de service technique dont les relations avec le chef de la province sont définies au paragraphe 11 de la circulaire du 22 mars 1909.

RÈGLEMENT
sur le service intérieur des hôpitaux, postes médicaux et maternités indigènes

TITRE Ier

Organisation générale

Art. 1er. — Les services de l'assistance médicale indigène sont assurés par des :

1° Hôpitaux avec ou sans maternité annexée ;

2° Postes médicaux avec ou sans maternité annexée ;

3° Maternités indépendantes ;

4° Postes médicaux secondaires sans médecin et dirigés par des infirmiers principaux ;

5° Léproseries et asiles d'aliénés.

Le présent règlement concerne le service intérieur des établissements des quatre premières catégories.

Les léproseries, les asiles d'aliénés et l'hôpital principal de Tananarive sont ou feront l'objet de règlements spéciaux.

Art. 2. — L'exécution du service intérieur des formations sanitaires est assuré par le personnel indigène de l'assistance médicale indigène : personnel médical, personnel infirmier, personnel auxiliaire.

TITRE II

Personnel

Art. 3. — Chaque hôpital avec ou sans maternité annexée et chaque poste médical avec ou sans maternité annexée est dirigé par un médecin indigène de l'assistance médicale indigène désigné par décision du directeur de l'assistance médicale indigène.

Le médecin-chef d'une formation sanitaire a autorité sur tout le personnel de cette formation, et prononce son affectation aux divers emplois à l'intérieur de l'établissement.

En outre de ses obligations personnelles, il est responsable de la marche du service aux points de vue technique et administratif. Il se rend spécialement compte de l'exécution ponctuelle des soins prescrits aux malades ; il contrôle leur alimentation ; il fait assurer le bon ordre et la propreté de son établissement ; il surveille, lorsqu'il y a lieu, les opérations de désinfection des locaux, vêtements et fournitures de couchage ; il dirige l'instruction du personnel infirmier. Il est comptable des matières consommables fournies à l'hôpital ; il tient avec la plus grande exactitude les comptabilités intérieures désignées au titre XI.

Art. 4. — Des médecins mobiles peuvent être rattachés aux hôpitaux ou postes médicaux déjà pourvus d'un médecin-chef.

Ils sont tenus de faire des tournées ainsi qu'il est prescrit au titre IV.

Art. 5. — Les maternités annexées à un hôpital ou à un poste médical constituent un service spécial, mais faisant partie intégrante de l'hôpital ou du poste. Ces maternités sont placées sous la direction du médecin-chef de l'hôpital ou du poste médical, qui est tenu d'en surveiller le service technique et administratif comme dans toute autre salle de l'hôpital.

Une sage-femme a la direction du service intérieur de la maternité ; elle est responsable, vis-à-vis du médecin-chef de l'hôpital ou du poste, des soins donnés aux parturientes, ainsi que de l'exécution du service par le personnel spécial mis à sa disposition, sur lequel elle a autorité. Elle n'intervient pas dans les parties du service qui sont communes à la maternité et à l'hôpital (nourriture, blanchissage, etc.).

Art. 6. — Les maternités indépendantes sont dirigées par une sage-femme désignée par décision du directeur de l'assistance médicale indigène. Cette sage-femme est pourvue des attributions techniques et administratives dévolues à un médecin-chef d'hôpital ou de poste et fixées par l'article 3.

Art. 7. — Des sages-femmes mobiles peuvent être rattachées aux hôpitaux, postes médicaux ou maternités indépendantes déjà pourvus ou non d'une sage-femme ; elles peuvent être désignées pour une localité où n'existe aucune formation sanitaire.

Elles sont tenues de faire leur service spécial ainsi qu'il est prescrit au titre IV.

Art. 8. — Chaque poste médical secondaire, sans médecin, est dirigé par un infirmier principal désigné par décision du directeur de l'assistance médicale indigène. Cet infirmier principal est pourvu des attributions techniques et administratives dévolues à un médecin-chef d'hôpital ou de poste et fixées par l'article 3.

Art. 9. — Les infirmiers principaux peuvent être affectés, le cas échéant, à des hôpitaux ou à des postes médicaux pourvus de médecins. Ils remplacent le médecin en cas d'absence ; ils sont soumis, par ailleurs, à toutes les obligations du personnel infirmier énumérées dans les articles 12 et suivants.

Art. 10. — Les médecins, les sages-femmes des maternités indépendantes, ainsi que les infirmiers principaux chefs de postes médicaux secondaires, tiennent un registre de correspondance et de rapports pour l'inscription de toute la correspondance officielle.

ART. 11. — Les médecins-chefs des hôpitaux ou des postes médicaux, les infirmiers principaux chefs des postes médicaux secondaires établissent un rapport mensuel (modèle page 45) avec statistique (modèle n° 20) à adresser dans les premiers jours du mois suivant au médecin inspecteur.

Ils y joignent un bulletin de vaccination (modèle n° 25), un état du personnel et une statistique de la maternité (modèle n° 21) établie par la sage-femme, s'il existe une maternité annexée à l'hôpital ou au poste.

La sage-femme d'une maternité indépendante fournit au médecin inspecteur une statistique de la maternité (modèle n° 21) et un bulletin de vaccination (modèle n° 25).

Un rapport annuel, établi dans les mêmes conditions, est adressé au médecin inspecteur le 20 janvier de l'année qui suit (modèle page 46) ; le tableau statistique (modèle n° 20) étant le même pour le rapport annuel que pour le rapport mensuel).

ART. 12. — L'exécution du service intérieur des formations est assuré par des infirmiers et des infirmières.

Les nominations, promotions, punitions, révocations, les affectations de ce personnel aux diverses formations sanitaires sont prononcées par décision du chef de la province, sur la proposition du médecin inspecteur.

ART. 13. — Les infirmiers et les infirmières sont subordonnés au médecin, à la sage-femme ou à l'infirmier principal, suivant leur service, pour les soins à donner aux malades, l'exécution ponctuelle des prescriptions médicales, la propreté des malades, du matériel et des locaux, la distribution des aliments et des médicaments, etc.

ART. 14. — Les infirmiers et infirmières sont tenus à la plus stricte propreté personnelle (vêtements, cheveux, ongles) ; ils doivent porter en service un tablier qui leur est fourni par l'établissement ; une blouse est mise à leur disposition quand ils ont à soigner des contagieux.

ART. 15. — L'infirmier ou l'infirmière chargé d'une salle est responsable du matériel qui s'y trouve déposé, et signe un inventaire en prenant son service.

ART. 16. — Aucun infirmier ne doit être spécialisé d'une façon constante à un service particulier ; le médecin inspecteur doit veiller à ce que les emplois d'infirmier chargé des écritures ou de la pharmacie ne soient attribués qu'à des infirmiers ayant participé longtemps au service des malades et au service général de l'hôpital.

Un roulement doit être établi entre les infirmiers pour la participation aux tournées ; le médecin inspecteur désigne, s'il y a lieu, ceux qui sont dispensés de prendre part à ce service.

ART. 17. — Les infirmiers ou infirmières sont présents à la formation sanitaire de 6 heures et demie à 11 heures et de 13 heures à 18 heures.

En dehors de ces heures, le service de la formation est assuré par un ou plusieurs infirmiers dits infirmiers de garde.

Ces infirmiers sont désignés chaque jour par le médecin, qui inscrit leur nom sur un cahier ou un tableau.

Ils assurent tous les services en dehors des heures de travail ; le temps nécessaire pour prendre leurs repas est déterminé d'une façon permanente par une consigne d'ordre intérieur.

ART. 18. — Les infirmiers et les infirmières ne sont logés à l'hôpital que si les locaux le permettent.

Dans ce cas, les logements doivent être tenus en parfait état de propreté, il ne doit y séjourner d'une façon permanente que la famille de l'infirmier ou infirmière (conjoint et enfants) ; l'agent célibataire peut y loger sa mère veuve.

Tout infirmier dont la famille cause le moindre désordre est signalé au médecin inspecteur qui, après enquête, décide si le logement doit être supprimé à l'infirmier.

ART. 19. — Il est absolument interdit à tout le personnel d'accepter des cadeaux de la part des malades ou des parents des malades.

La plus grande douceur lui est recommandée à l'égard des malades qui lui sont confiés.

ART. 20. — Des gens de service (hommes de peine, servantes) sont affectés à chaque établissement.

Ils sont recrutés et licenciés sans formalités ; leur nombre et leurs salaires sont fixés, d'après les crédits budgétaires, par le chef de la province, sur la proposition du médecin inspecteur.

Ils sont sous les ordres du chef de la formation sanitaire pour tout le service qui leur est attribué.

Il est interdit aux médecins, sages-femmes, infirmiers et infirmières, de les employer à leur service personnel ou à tout autre travail étranger au service de l'assistance médicale indigène.

TITRE III

Consultations

ART. 21. — Dans les hôpitaux et maternités, la consultation a lieu aussitôt après la visite des malades hospitalisés. Dans les postes médicaux, la consultation commence à 7 heures et demie. Une autre séance de consultation a lieu l'après-midi à partir de 14 heures.

ART. 22. — Un local, muni d'un lit d'examen, doit être annexé à la salle de consultation pour que certains malades puissent être examinés, le cas échéant, hors de la présence de toute personne.

ART. 23. — Les noms de tous les consultants, ainsi que les médicaments qui leur sont délivrés, sont inscrits sur un registre de consultation (modèle n° 17).

Si les malades sont nombreux, l'inscription des noms peut être faite d'avance par un infirmier.

ART. 24. — Une fiche rose (modèle n° 22) pour la clinique interne, jaune (modèle n° 23) pour la clinique externe, est remise à tout malade venant consulter pour la première fois.

Il garde la même fiche et conserve le même numéro sur le registre au cours des consultations suivantes, si elles sont motivées par la même maladie.

ART. 25. — Le médecin doit procéder à toutes les investigations nécessaires à l'établissement du diagnostic.

Le diagnostic et le traitement sont inscrits aussitôt sur le registre des consultations et sur la fiche. Le diagnostic ne doit être indiqué sur la fiche que par une abréviation, afin de sauvegarder le principe du secret médical.

ART. 26. — Les malades se présentent au médecin dans l'ordre de leur arrivée à la salle de consultation. En cas d'affluence, des numéros d'ordre peuvent être remis par un infirmier.

ART. 27. — Les médicaments à prendre sur place sont délivrés aux malades aussitôt après qu'ils ont été examinés et ont reçu leur fiche.

Pour les médicaments à emporter, les consultants doivent présenter des récipients suffisants et propres ; l'infirmier de la pharmacie fixe sur le récipient une étiquette indiquant le mode d'usage.

ART. 28. — Le dimanche matin, la consultation est réservée aux malades urgents et à ceux qui doivent recevoir des soins journaliers.

ART. 29. — Un jour par semaine, dans l'après-midi, une consultation spéciale sera réservée aux nourrissons.

ART. 30. — La consultation des femmes enceintes a lieu chaque matin, sauf le dimanche, après la visite des femmes hospitalisées à la maternité.

Les femmes enceintes se présentent au médecin comme les autres malades ; elles sont inscrites sur le registre des consultations et reçoivent une fiche sans diagnostic ni prescription ; elles sont examinées par la sage-femme qui inscrit sur la fiche le diagnostic établi ; toutefois, c'est au médecin qu'il appartient de prescrire le traitement si une ordonnance médicamenteuse est nécessaire.

ART. 31. — Il est absolument interdit aux médecins de donner des consultations et de délivrer des médicaments sur renseignements fournis par un parent ou par un envoyé du malade.

La délivrance d'un médicament à l'usage d'un malade soigné antérieurement et ne pouvant se présenter à la visite doit elle-même être exceptionnelle et se borner, en principe, au renouvellement de la prescription précédente.

TITRE IV
Tournées d'hygiène. — Vaccinations

ART. 32. — Les médecins mobiles dans les hôpitaux ou postes médicaux qui en sont pourvus, les médecins-chefs des hôpitaux et postes médicaux lorsqu'il n'y a pas de médecin mobile, et les infirmiers principaux sont tenus de faire des tournées d'hygiène, suivant un programme fixé d'avance, établi au mois de novembre pour l'année à venir, après entente avec les chefs de district et le médecin inspecteur. Il est soumis par celui-ci, et avec l'avis du chef de la province, au directeur de l'assistance médicale indigène, en vue de l'approbation du Gouverneur Général.

Les médecins mobiles profitent de ces tournées pour donner toutes les consultations médicales et pratiquer toutes les vaccinations possibles. Le chef du district, prévenu à l'avance, informe les gouverneurs indigènes de l'itinéraire du médecin et de l'heure de son arrivée dans les localités, pour que les malades et les personnes à vacciner puissent être rassemblés autour d'un local choisi au préalable, où le médecin passe la visite. Le médecin se rend ensuite au domicile des malades alités du village qui lui sont signalés.

En principe, la visite des malades et les vaccinations se feront le matin à partir de 9 heures.

Le médecin mobile établit un rapport mensuel, qui est transmis au médecin inspecteur par le médecin-chef de l'hôpital ou de poste médical dont il dépend.

La tournée d'hygiène fait l'objet d'un rapport spécial, adressé par l'intermédiaire du médecin inspecteur au directeur de l'assistance médicale indigène, et qui est plus particulièrement soumis à l'appréciation de l'administrateur chef de la province (Circulaires de la direction de l'assistance médicale indigène : n° 1, du 1er mars 1914 ; n° 2, du 15 août 1914 ; n° 3, du 1er mai 1914).

ART. 33. — Les sages-femmes mobiles sont destinées à pratiquer les accouchements à domicile ; elles se rendent pour cela dans les localités de leur zone où elles sont appelées, leurs moyens de transport étant fournis par les fokonolona du lieu où elles doivent se rendre ou par la famille de la parturiente.

Au cours de ces déplacements, elles donnent des consultations aux nourrissons et aux femmes enceintes. Elles sont placées, au point de vue médical et administratif, sous la dépendance du médecin-chef de l'hôpital ou poste médical auquel elles sont rattachées, et si elles sont en service dans une localité isolée, du médecin-chef le plus rapproché de cette localité.

ART. 34. — En dehors des tournées d'hygiène, les médecins, les sages-femmes et les infirmiers principaux sont tenus de pratiquer le plus grand nombre possible de vaccinations.

Toutes les vaccinations effectuées sont inscrites sur le registre de vaccinations (modèle n° 16), et il est rendu compte mensuellement du nombre de vaccinés par un bulletin de vaccinations (modèle n° 25) à joindre au rapport mensuel.

Il est délivré à chaque individu vacciné une carte de vaccination (modèle n° 24).

TITRE V

Entrées. — Sorties. — Décès

ART. 35. — Le droit à l'admission gratuite dans les hôpitaux et maternités est acquis à tous les indigènes.

Toutefois, sont traités à charge de remboursement par le chapitre budgétaire qui assure leur entretien, les gardes indigènes, les agents de police, les prisonniers de droit commun, ainsi que tous les indigènes que leur situation dispense de la taxe de l'assistance médicale indigène.

Peuvent être traités également, à charge de remboursement, les Européens et assimilés (Indiens, Chinois, etc.).

Les Européens et assimilés traités à leurs frais versent à l'entrée une somme représentant dix jours de traitement ; cette provision est renouvelée tous les dix jours. Il en est donné reçu par le médecin. Si le malade sort avant l'emploi total de la dernière provision, le prix des journées non passées à l'hôpital lui est remboursé.

S'il s'agit d'indigents européens et assimilés, le billet d'hôpital doit être visé par le chef de la province ou du district. Le remboursement est poursuivi, dans ce cas, par le médecin inspecteur contre le budget local ou municipal.

ART. 36. — L'entrée d'un malade est prononcée par le médecin de l'hôpital ; il doit la refuser à tout individu atteint d'affection légère susceptible d'être traitée à la consultation, ou d'affection chronique qui ne peut pas bénéficier d'un traitement hospitalier.

Le médecin inscrit immédiatement le malade sur le registre des entrées et des sorties (modèle n° 13) ; il établit un bulletin d'hôpital (modèles n° 26 et 27) contenant tous les renseignements d'état civil ; le billet porte l'indication de la personne à prévenir en cas de décès ou d'aggravation de l'état.

En cas d'urgence ou pendant une absence du médecin, un malade peut être admis à l'hôpital par l'infirmier de garde ; son entrée est régularisée dès le retour du médecin.

La sage-femme admet les femmes enceintes à la maternité sous sa responsabilité ; elle remplit le billet d'entrée ; l'inscription de l'entrée est faite par le médecin sur le registre des entrées à l'hôpital.

ART. 37. — Le médecin rend compte au chef de district ou de poste le plus proche des entrées d'Européens et assimilés, des fonctionnaires indigènes, des tirailleurs, gardes indigènes, agents de police, etc.

Toutefois, si le fonctionnaire indigène dépend d'un service représenté dans la province par un fonctionnaire européen liquidateur de la solde de ce personnel, c'est ce fonctionnaire qui est prévenu de l'entrée à l'hôpital des agents placés sous ses ordres.

ART. 38. — L'ordre de sortie est également prononcé par le médecin, au cours de la visite du matin. Le malade est porté sortant à la date du lendemain et quitte l'hôpital le lendemain avant la visite. Il se trouve donc présent à l'hôpital pendant la journée et la nuit qui suivent la visite au cours de laquelle il a été désigné pour sortir.

ART. 39. — A titre exceptionnel, le médecin peut prononcer l'ordre de sortie immédiate d'un malade au cours de la visite matinale. Ce malade est porté sortant à la date du jour même ; il quitte l'hôpital aussitôt et aucune allocation de médicaments et de nourriture ne peut lui être prescrite ce jour-là.

Si le malade sort après le repas de 11 heures, il est considéré comme présent toute la journée et porté sortant à la date du lendemain.

ART. 40. — Les sorties par évasion sont inscrites sur le registre des entrées et signalées dans le rapport mensuel.

Les sorties ordonnées par le médecin par mesure disciplinaire sont l'objet d'un compte-rendu spécial au médecin inspecteur ; elles ne peuvent être prononcées qu'à l'égard des malades peu gravement atteints et doivent être précédées d'observations répétées.

ART. 41. — Quand un malade est en danger de mort, un infirmier est placé en permanence auprès de ce malade ; le médecin fait prévenir la personne désignée sur le billet d'hôpital (article 36).

ART. 42. — Quand le décès d'un indigène se produit hors de la présence de la famille, le médecin avise du décès le gouverneur indigène, qui fait avertir les parents du décédé. Si le décédé est un détenu, l'avis du décès est transmis au gardien-chef de la prison.

ART. 43. — Les décès des Européens et assimilés, des fonctionnaires et agents indigènes, survenus à l'hôpital du chef-lieu de la province, sont signalés au chef de la province ; les décès survenus dans les formations des localités excentriques sont signalés au chef de district ou du poste administratif le plus proche.

ART. 44. — Après avoir constaté le décès, le médecin fait immédiatement l'inventaire des objets appartenant au décédé, en présence de deux témoins.

S'il existe un testament, il est remis au représentant le plus proche de l'autorité administrative, qui en donne reçu au médecin.

Art. 45. — Les objets appartenant au décédé sont remis à ses proches parents s'ils sont présents ; ils en donnent reçu sur l'inventaire que le médecin a établi et qu'il conserve dans les archives de l'hôpital.

Si la famille du décédé n'est pas présente, les objets sont soigneusement emballés et placés dans un local les mettant à l'abri de tout vol ou déprédation ; ils y sont conservés jusqu'à la date où un membre accrédité de la famille ou l'administration vient en prendre livraison.

Art. 46. — Le cadavre est recouvert d'un drap et laissé pendant une heure dans la salle ; il est porté ensuite dans le local servant de dépôt mortuaire ; les parents sont autorisés à le veiller. Les inhumations sont faites dans les délais et dans les conditions prescrites par les règlements locaux.

TITRE VI

Exécution du service dans les salles

Art. 47. — La visite des malades hospitalisés a lieu chaque matin : à 7 heures en été, à 7 heures et demie en hiver.

Pendant la visite, tous les malades doivent être déshabillés et couchés.

Le médecin dicte à haute voix la prescription de chaque malade ; elle est immédiatement inscrite sur le cahier d'alimentation et de visite (modèle n° 29) dans l'ordre suivant :

1° Régime alimentaire et tisanes ;

2° Médicaments internes, pansements et médicaments externes.

La contre-visite est passée chaque jour, à 15 heures et demie, dans les mêmes conditions.

Art. 48. — Les pansements et soins divers sont appliqués aussitôt après la visite, sauf ceux que le médecin croit devoir appliquer lui-même.

En dehors de circonstances exceptionnelles, les injections hypodermiques et les injections de sérum doivent toujours être pratiquées par le médecin.

Les médicaments destinés aux salles sont préparés par l'infirmier de la pharmacie, de manière qu'il puissent être remis aux infirmiers des salles avant le commencement de la consultation réservée aux malades de l'extérieur.

Les infirmiers doivent veiller à ce que les médicaments soient absorbés par les malades conformément aux ordres du médecin.

Art. 49. — Quand un malade arrive dans une salle avec un billet d'entrée en règle, l'infirmier de la salle l'amène près du lit qui lui sera affecté. Il lui remet les vêtements dont chaque malade est pourvu par l'hôpital et dont la forme peut varier suivant les localités.

Si son état le permet, le malade est baigné et a les cheveux coupés.

Art. 50. — La fourniture de literie varie suivant les coutumes locales.

Quelle qu'elle soit, elle doit être tenue dans le plus grand état de propreté et exposée au soleil chaque fois qu'un malade sort.

Les draps sont changés au moins une fois toutes les semaines et chaque fois qu'ils sont salis ou souillés.

Il est formellement interdit aux malades et aux visiteurs d'enlever une pièce quelconque de la literie pour s'en revêtir.

Art. 51. — La propreté des salles est assurée par les infirmiers et infirmières avant et après la visite du matin, avant et après la contre-visite.

Les salles sont aérées chaque jour aussi largement qu'il est possible, sans toutefois qu'il en résulte une gêne ou un danger pour les malades.

Des malades valides peuvent être désignés par le médecin pour aider les infirmiers dans les petits travaux de propreté de l'intérieur des salles.

Art. 52. — Le repas des malades a lieu aux heures fixées par le médecin d'une façon permanente. Il a lieu, suivant la disposition des locaux, soit sous une véranda, soit dans une pièce spéciale. La distribution des aliments est faite par un infirmier qui est allé les chercher à la cuisine. Le matériel de table est remis en ordre et nettoyé aussitôt après le repas.

Art. 53. — Les malades doivent être polis avec les infirmiers et leur obéir en tout ce qui concerne les soins prescrits et l'exécution des ordres du médecin.

Art. 54. — Les visites aux malades ont lieu aux heures fixées par le médecin d'une façon permanente. Aucun visiteur n'a le droit de séjourner dans les salles en dehors des heures ainsi fixées.

Toutefois, le médecin peut désigner nominativement les parents d'un malade en danger de mort qu'il autorise à rester en dehors des heures réglementaires.

Art. 55. — Les rondes de nuit doivent être faites en silence par le personnel du service de garde.

Une veilleuse doit être allumée dans chaque salle ; toutes les autres lumières doivent être éteintes à 19 heures et demie au plus tard.

TITRE VII
Service des maternités

Art. 56. — Chaque maternité est dirigée par une sage-femme dans les conditions prévues aux articles 5 et 6.

3

Cette dernière est assistée par une ou plusieurs infirmières.

Art. 57. — Dans les maternités annexées à un hôpital ou à un poste médical, la sage-femme assiste à la visite que le médecin passe à la maternité matin et soir. Elle inscrit sur le cahier de visite les prescriptions médicamenteuses et alimentaires et est chargée de veiller à leur exécution.

Les médicaments sont délivrés par la pharmacie de l'hôpital ; il en est de même des aliments, qui proviennent de la cuisine de l'hôpital.

Art. 58. — Les parents des femmes en couches sont seuls admis à les visiter, aux heures fixées pour les malades de l'hôpital et avec la permission spéciale du médecin, qui informe la sage-femme des permissions ainsi accordées.

Toute femme atteinte ou suspecte d'infection après un accouchement est immédiatement isolée dans un local spécial d'isolement ou, à défaut de ce local, transportée dans la salle des femmes de l'hôpital.

La plus minutieuse propreté est de règle à la maternité, qui doit posséder en principe, chaque fois que les circonstances le permettent, un stock de linge, objets de literie, instruments de chirurgie et de pansements différents de celui qui est affecté à l'hôpital.

Art. 59. — Pour les entrées, les sorties et la discipline générale, les femmes admises à la maternité sont soumises aux prescriptions des articles du présent règlement qui concernent ces divers titres.

Art. 60. — Quand une naissance survient dans un hôpital ou une maternité, le médecin ou la sage-femme doit en faire la déclaration à l'officier d'état civil compétent, même s'il a la certitude que cette déclaration a été déjà faite par les soins du père de l'enfant.

TITRE VIII
Pharmacie et médicaments

Art. 61. — Les demandes de médicaments et objets de pansement sont faites tous les six mois, aux dates fixées par la direction de l'assistance médicale indigène.

Elles sont adressées au médecin inspecteur, qui les centralise et en fait l'objet d'une demande unique et globale pour les besoins de la province ; cette demande est transmise à la direction de l'assistance médicale indigène après visa et par l'intermédiaire du chef de la province.

Ces demandes ne doivent comprendre que les médicaments et objets de pansements de la nomenclature annexée aux marchés en cours ; elles sont décomptées en valeur.

Aucun médicament ne doit être acheté directement dans le commerce local, sauf circonstances exceptionnelles et avec l'autorisation du directeur de l'assistance médicale indigène, après avis du chef de la province.

ART. 62. — Les médicaments et objets de pansements reçus au chef-lieu de la province sont déballés en présence de la commission ordinaire de recettes. Dans les formations excentriques, cette opération a lieu en présence d'une commission dont les membres sont désignés par le chef du district ou de poste.

Le procès-verbal de réception est adressé au médecin inspecteur s'il y a des différences entre les quantités annoncées et les quantités reçues ; un simple compte rendu est adressé s'il n'a pas été constaté de différence.

ART. 63. — Les médicaments d'un hôpital doivent être autant que possible divisés en deux parties :

1° Une petite partie, en voie de consommation, doit être déposée à la salle de consultations ou de pharmacie ;

2° Le reste doit constituer des approvisionnements déposés dans le magasin de l'hôpital.

ART. 64. — Les poisons et médicaments toxiques doivent être enfermés dans une armoire spéciale dont la clef est conservée par le médecin d'une façon permanente.

Tous les flacons contenant des toxiques doivent porter une étiquette rouge très apparente avec le mot «Poison» en français et en malgache.

Aucun toxique (antiseptique ou autre) ne doit être laissé à la disposition des malades consultants et hospitalisés.

En cas de départ définitif du médecin, avant l'arrivée de son successeur, la clef est remise au médecin inspecteur si les circonstances le permettent, ou, à défaut, au chef de district ou de poste.

ART. 65. — La pharmacie doit être tenue dans le plus grand état de propreté, ainsi que les balances, mortiers, flacons, etc., destinés aux manipulations médicamenteuses.

ART. 66. — Aussitôt après la visite et la contre-visite, les médicaments qui y ont été prescrits sont préparés et distribués. Chaque potion ou paquet doit porter une inscription indiquant son contenu et le numéro du lit du malade auquel le médicament est destiné.

De même, les médicaments délivrés aux consultants doivent porter une étiquette sur laquelle est indiqué le mode d'administration (nombre de cuillerées par jour, intervalles des doses, etc.).

ART. 67. — Les cessions de médicaments aux particuliers sont autorisées dans les localités dépourvues de pharmacien et situées à 10 kilomètres au moins de toute officine.

Aucune cession ne peut être inférieure à 0 fr. 25.

Un barème tenu à jour et visé par le médecin inspecteur indiquera les prix des médicaments.

Art. 68. — Chaque cession est payée comptant ; il est délivré une quittance extraite d'un registre à souche (modèle n° 9).

Les cessions sont résumées mensuellement sur un état décompté (modèle n° 8 et 8*bis*) qui est envoyé au médecin inspecteur, en même temps que la somme perçue à ce titre.

Art. 69. — Les médicaments délivrés aux détachements de la garde indigène et aux détenus de droit commun sont récapitulés chaque semestre sur un état décompté, dont le médecin inspecteur poursuit le remboursement au profit du budget de l'assistance médicale indigène.

Art. 70. — Chaque cession doit avoir le caractère d'une prescription médicale ; sont interdites les cessions ayant le caractère d'approvisionnement, les cessions d'alcool en nature, les cessions de matériel accessoire (thermomètres, bocks, canules, tétines, etc.), enfin toutes les cessions qui pourraient gêner le fonctionnement régulier des hôpitaux et postes.

TITRE IX

Alimentation

Art. 71. — Le droit aux aliments est acquis à tous les malades admis dans les hôpitaux et maternités.

Art. 72. — La réception des vivres est faite par le médecin, qui a le devoir de vérifier la quantité et la qualité des matières fournies et de refuser les vivres qui ne répondraient pas aux exigences des marchés ; en cas de refus, un compte rendu est adressé sans retard au médecin inspecteur, en ce qui concerne l'établissement du chef-lieu, et au chef de district ou de poste, pour les formations des localités excentriques.

Art. 73. — Les denrées alimentaires et matières consommables fournies par un adjudicataire sont l'objet de demandes faites, le 10 et le 25 de chaque mois, par les médecins-chefs des formations sanitaires (modèle n° 10) au comptable de l'assistance médicale indigène.

Les quantités demandées doivent être strictement proportionnées aux besoins.

Art. 74. — Les vivres légers (et, dans certains cas, tous les vivres) sont achetés sur avances.

Un état mensuel des achats faits sur avances (modèles n° 6 et 6*bis*) avec factures à l'appui, en double expédition, est adressé au médecin inspecteur ; ces factures sont appuyées des bons de commande délivrés aux fournisseurs.

Art. 75. — Les vivres sont délivrés au cuisinier sous le contrôle du médecin, qui fixe les quantités à distribuer d'après l'effectif des malades et d'après les prescriptions du cahier de visite.

Art. 76. — La cuisine est tenue en parfait état de propreté ainsi que les ustensiles qui doivent être nettoyés après chaque repas.

Art. 77. — Les repas sont fixés aux heures suivantes :

Petit déjeuner.......... 6 heures et demie.
Déjeuner .... 10 heures et demie.
Dîner.................. 17 heures et demie.

Art. 78. — Le cuisinier distribue les aliments à un infirmier représentant chaque salle ; ce dernier est porteur du cahier de visite et vérifie si les quantités délivrées sont conformes aux prescriptions. Il distribue ensuite, dans la salle, les aliments destinés à chaque malade.

Art. 79. — Les différents régimes sont ainsi composés :

1° *Régime ordinaire*

	RIZ		VIANDE		SEL	BRÈDES		MANIOC
	matin	soir	matin	soir		matin	soir	
	gr.	gr.	gr.			gr.	gr.	
Ration entière.	250	250	125	»	6 gr.	»	100	100 gram-
Demi-ration...	125	125	75	»	par jour	»	100	mes pour le
Quart de ration.	75	75	50	»		»	100	déjeuner
								du matin.

Les brèdes peuvent être remplacées, au repas du soir, par du poisson ou par tout autre aliment conforme aux coutumes locales.

2° *Régime léger*

Pour la journée :

Riz.............. 150 grammes.
Sel.............. 6 —
Lait............. 1 litre.
Thé............. 1 litre et 30 grammes de sucre.

Il peut y être ajouté un supplément d'aliments légers :

Bouillon : un demi-litre par repas, obtenu au moyen de la viande de bœuf délivrée à la cuisine.

Œufs : deux au maximum par repas.

Poulet : un quart de poulet par repas.

3° *Diètes*

`La diète lactée comporte normalement l'allocation de 2 litres de lait par jour. Cette allocation est portée à 3 litres sur prescription spéciale du médecin.

La diète ordinaire peut comporter l'allocation de lait (un demi-litre par repas), de bouillon (250 grammes par repas), thé sucré (1 litre par jour).

Art. 80. — Pour la fixation des rations, la journée commence à la visite du matin.

Quand un malade entre après le repas de 10 heures et demie, il ne peut lui être prescrit qu'une demi-ration de l'un des régimes.

Art. 81. — La demi-ration est le maximum que l'on puisse prescrire pour les enfants de 3 à 7 ans.

Art. 82. — Les prescriptions alimentaires inscrites sur le cahier de visite doivent comporter : 1° l'indication du régime ; 2° l'indication du taux de la ration ; si c'est le régime léger qui est prescrit, les aliments sont inscrits en toutes lettres.

Exemples :

Régime ordinaire..... Demi ou quart.

Régime léger........ { Un œuf à chaque repas.
                      { Un demi-litre de lait.
                      { Un demi-litre de thé.

TITRE X
Matériel. — Lingerie

Art. 83. — Le médecin-chef de la formation sanitaire est détenteur du matériel en service et est responsable de ce matériel vis-à-vis du dépositaire comptable.

Art. 84. — Les demandes de matériel sont faites au médecin inspecteur une fois par an ; mais le médecin-chef de chaque formation sanitaire doit faire preuve d'initiative et demander en temps voulu tout le matériel nécessaire à la bonne marche du service.

Art. 85. — La lingerie est tenue avec ordre et propreté, soit par une femme attachée à ce service, soit par une infirmière.

La sage-femme peut être chargée de surveiller le service de la lingerie.

Le linge est visité et raccommodé après chaque blanchissage.

Art. 86. — Le blanchissage est exécuté soit par un blanchisseur attaché à l'hôpital, soit par un entrepreneur.

Le linge est compté avec soin au départ et à l'arrivée ; tout article manquant est imputé au blanchisseur.

Art. 87. — Le médecin est tenu de s'assurer par lui-même que le blanchissage du linge est fait dans des conditions satisfaisantes et que tous les raccommodages utiles sont exécutés en vue d'en assurer la durée.

Art. 88. — Chaque salle est pourvue d'un certain nombre d'articles de lingerie, nombre fixé une fois pour toutes.

La lingerie remet à chaque infirmier chargé d'une salle des pièces de lingerie propres en nombre absolument égal à celui des pièces sales qui ont été remises au blanchissage. Les articles de lingerie déposés dans chaque salle sont donc toujours en nombre égal et constant.

TITRE XI

Comptabilités intérieures

Art. 89. — *Comptabilité des journées.* — La comptabilité des journées est tenue par l'inscription immédiate au registre des entrées et des sorties (modèle n° 13) de tout malade entré à l'hôpital ou à la maternité avec un billet régulier.

A la fin de chaque mois, le médecin arrête et signe la situation mensuelle (modèle n° 19) qui a été établie au jour le jour.

La journée d'hôpital commence à la visite du matin.

Toute journée de malade est comptée entière, même si le malade n'a pris qu'un repas dans l'établissement.

Les journées de malades traités à charge de remboursement sont également décomptées par journée entière.

La journée de la sortie ne donne pas lieu à remboursement ni à l'allocation de vivres. Mais le jour du décès est compté comme journée de présence effective.

Afin de ne pas mettre en désaccord apparent la statistique et la comptabilité des journées, aucun malade ne doit être mis «exeat» le dernier jour du mois pour sortir au premier jour du mois suivant; le 30 ou le 31, un malade doit toujours être mis « exeat illico » et sortir aussitôt après la visite du matin.

Art. 90. — *Comptabilité des vivres.* — Dès leur réception, les vivres doivent être inscrits au registre des vivres et matières consommables (modèle n° 16).

La consommation journalière est *inscrite chaque jour* sur ce registre n° 16 et sur l'état n° 5; ce dernier état est établi en double expédition; l'une est envoyée au médecin inspecteur, l'autre est conservée par le médecin chef d'établissement.

Cet état n° 5 est vérifié au moyen du décompte des journées, au moyen des prescriptions portées au cahier de visite; enfin, par vérification des bons de vivres et des factures.

ART. 91. — *Comptabilité des médicaments.* — Les médicaments sont inscrits sur le registre modèle n° 15 dès leur réception.

Leur sortie est inscrite mensuellement sur le même registre.

La consommation mensuelle est calculée en arrêtant l'état des médicaments consommés à l'hôpital et l'état des médicaments consommés à la consultation. Une colonne ajoutée à ce dernier état indique les quantités délivrées aux médecins mobiles ; enfin, il faut tenir compte des médicaments cédés ou condamnés.

L'état des médicaments consommés à l'hôpital (modèle n° 5) et l'état des médicaments consommés délivrés aux consultants (modèle n° 5) doivent être établis et envoyés dans les mêmes conditions que l'état des vivres (art. 90). Ces deux états sont vérifiables par le cahier de visite et par le registre de consultations.

Les articles 67 et suivants du présent règlement prévoient les conditions dans lesquelles sont effectuées les cessions de médicaments au comptant (modèle n° 8 et 8 *bis*) et les délivrances des médicaments aux détachements de la garde indigène et aux prisonniers.

La délivrance de médicaments d'une formation à une autre formation est justifiée par l'ordre d'envoi du médecin inspecteur.

Les médicaments avariés et inutilisables font l'objet d'un procès-verbal de condamnation.

Un inventaire des médicaments et objets de pansements doit être fait lors de chaque passation de service ; un compte rendu de cet inventaire est adressé au médecin inspecteur.

ART. 92. — *Comptabilité du matériel.* — Il est établi chaque année deux registres du matériel pour chaque formation : l'un de ces registres est tenu à jour au bureau du médecin inspecteur, l'autre pour chaque détenteur de matériel (registre modèle n° 14).

Tout envoi de matériel doit indiquer : 1° à quelle catégorie ce matériel appartient (matériel de durée ou petit outillage) ; 2° à quel numéro de la nomenclature sommaire chaque article doit être pris en compte.

Dès réception, le médecin détenteur inscrit le matériel suivant les indications de l'avis d'expédition.

Le registre de chaque formation est comparé chaque année, avant le 31 décembre, avec celui qui est tenu au bureau du médecin inspecteur ; sauf erreurs ou omissions faciles à vérifier, ces deux registres doivent être absolument semblables.

Chaque année, avant le 31 juillet, le médecin-chef de la formation établie au siège de la province, du district ou du poste administratif présente le matériel hors d'usage à la commission de condamnation. Les médecins-chefs des formations situées hors d'un centre administratif, les sages-femmes chargées des maternités indépendantes et les infirmiers principaux dirigeant des postes médicaux, en un mot les chefs des établissements sis dans les localités où n'existe aucun fonctionnaire européen, profitent du passage du chef de la province, du district ou du poste administratif pour lui demander de réunir ou présider la commission de condamnation du matériel hors d'usage. Les procès-verbaux sont transmis au médecin inspecteur.

En dehors des recensements pratiqués par le médecin inspecteur, un inventaire est fait à chaque passation de service ; un compte rendu est adressé au médecin inspecteur.

Si un infirmier est chargé d'une salle, il est responsable du matériel qui s'y trouve en service ; il doit signer, après recensement, un inventaire modèle n° 40 de l'instruction du 5 juillet 1901, qui est affiché dans la salle de façon permanente.

Le médecin est particulièrement tenu de veiller à la conservation et au bon entretien des instruments de chirurgie.

ART. 93. — *Comptabilité des fonds d'avances.* — Des avances pour paiement des menues dépenses (achats de vivres légers et de petits articles de consommation courante) peuvent être mises à la disposition des médecins-chefs de formations sanitaires, des sages-femmes dirigeant des maternités indépendantes et des infirmiers principaux chargés de postes médicaux. Le taux de ces avances est fixé, sur la proposition du médecin inspecteur, par décision du chef de la province soumise à l'approbation du Gouverneur Général. Le montant en est perçu, suivant le cas, soit au trésor, sur mandat émis par le sous-ordonnateur, soit à la caisse du district, soit à celle du poste administratif. La gestion de ces avances est suivie au moyen d'un carnet de caisse (modèle n° 7). Les pièces justificatives des dépenses payées sur chaque avance (article 74) seront adressées dans le délai d'un mois au médecin inspecteur, accompagnées d'un bordereau détaillé (modèle n° 3 de l'arrêté du 20 mars 1903) pour être remises au trésor par l'intermédiaire du sous-ordonnateur. Chaque avance doit être numérotée et son numéro reproduit sur le bordereau qu'accompagnent les justifications correspondantes.

TITRE XII

Police générale des hôpitaux et maternités

ART. 94. — Le médecin-chef d'une formation sanitaire a la responsabilité du bon ordre dans l'intérieur de l'établissement et prend toutes les mesures utiles au maintien du bon ordre.

Si le désordre provient des malades, il peut les mettre « exeat » d'office dans les conditions indiquées à l'article 40.

Le médecin rend compte de tous les faits de désordre qui ont pu se produire au médecin inspecteur et au représentant local de l'autorité administrative.

Art. 95. — Les malades atteints de maladie contagieuse sont isolés dans un local spécial.

Ils peuvent être admis d'office à l'hôpital si le médecin ne juge pas suffisant leur isolement à domicile (Décret du 2 septembre 1914).

Ces malades sont soignés par un ou plusieurs infirmiers spécialement affectés à ce service. Aucune visite n'est autorisée dans le local des contagieux.

Art. 96. — Les prisonniers sont admis dans les hôpitaux sans que la responsabilité du médecin soit engagée en cas d'évasion ; toutefois, le médecin doit faciliter le service de surveillance des gardiens placés à l'hôpital.

Art. 97. — Les indigents sont enterrés par les soins de l'hôpital, aux frais de l'assistance médicale indigène, en conformité des coutumes et règlements de la localité.

Art. 98. — Le présent règlement peut être complété par des consignes de détail exécutables après visa du médecin inspecteur.

Art. 99. — Des extraits du présent règlement en langue malgache seront affichés dans les locaux de la formation sanitaire.

Art. 100. — Les dispositions du présent règlement sont applicables à compter du jour de sa notification dans les provinces.

Tananarive, le 11 Janvier 1918.
Le Gouverneur Général,
. M. MERLIN.

TITRES ET NUMÉROS

DES

IMPRIMÉS EN SERVICE (1)

---

(1) Toutes les commandes d'imprimés doivent être adressées au directeur de l'assistance médicale indigène.

NUMÉROS de la nomenclature	NOMENCLATURE DES IMPRIMÉS
1	Budet annexe de l'assistance médicale.
2	Plan de campagne pour servir à l'établissement du budget.
3	Situation administrative mensuelle.
4	Compte annuel des opérations de l'exercice.
5	Etat des...... dépensés à...... pendant le mois.
6	Etat des achats faits sur avances, recto.
6 *bis*	id. recto-verso.
7	Carnet de caisse.
8	Etat décompté des médicaments cédés au comptant, recto.
8 *bis*	Etat décompté des médicaments cédés au comptant, recto-verso.
9	Quittancier pour cessions de médicaments.
10	Demande de vivres, matériel et médicaments, etc.
11	Etat nominatif des..... de la Colonie traités à charge de remboursement.
12	Bulletin semestriel pour asile d'aliénés.
13	Registre des entrées.
14	Registre du matériel en service.
15	Registre des médicaments et objets de pansements en consommation.
16	Registre des vivres et matières diverses en consommation.
17	Registre des consultations.
18	Registre des vaccinations.
19	Situation des malades.
20	Rapport mensuel.
21	Rapport mensuel (service de la maternité).
22	Fiche de consultation (clinique interne).
23	id. (clinique externe).
24	Carte de vaccination.
25	Bulletin des vaccinations pratiquées pendant le mois.
26	Billet d'hôpital pour indigène.
27	id. pour Européen.
28	Déclaration de décès.
29	Cahier de visite.
30	Extrait journalier du cahier de visite (prescriptions alimentaires).
31	Extrait journalier du cahier de visite (prescriptions médicamenteuses).

NUMÉROS de la nomenclature	NOMENCLATURE DES IMPRIMÉS
32	Feuille d'observation des malades.
32 *bis*	id.
33	Feuille de température.
34	Registre des observations.
35	Certificat de traitement.
36	Situation-rapport (spécial à l'hôpital principal).
37	Tableau de clinique pour Européens.
38	Carnet de déclaration de maladie transmissible.
39	Certificat de maladie, blessure ou visite.
40	État des sommes dues pour frais d'hospitalisation.
41	Compte rendu d'inspection.
42	Acte d'engagement (médecins et sages-femmes).
43	Livret individuel (médecins indigènes).
44	id. (sages-femmes).

RAPPORT MENSUEL

I. — Considérations générales. — Morbidité et mortalité

Considérations sur la morbidité générale de la région. — Principales affections constatées. — Etude des différentes catégories d'affections.

Considérations sur la mortalité en général.

Renseignements démographiques : naissances et décès.

II. — Service des hôpitaux

Affections ayant motivé les hospitalisations. — Affections ayant présenté un caractère de gravité ou susceptibles de revêtir un caractère épidémique ou endémique.

Etude de la mortalité hospitalière.

III. — Service de la maternité

Accouchements pratiqués. — Accouchements gémellaires. — Avortements.

IV. — Service de la consultation

Total des *consultations* dans le mois, scindées en: 1° hommes ; 2° femmes ; 3° enfants.

V. — Tournées d'hygiène. — Vaccinations

Tournées effectuées dans le courant du mois (durée et itinéraire). Affections principales constatées en tournées.

Total des vaccinations pratiquées et résultats.

VI. — Administration. — Désiderata

MODÈLE DE RAPPORT ANNUEL

Faire précéder le rapport :
1° De la statistique conforme au modèle en usage ;
2° D'un tableau récapitulatif d'ensemble, ainsi conçu :

Démographie..............
- Population.
- Naissances.
- Décès.

Nombre de lits............
- Hôpitaux.
- Maternités.

Malades traités dans l'année.
- Restants au 1er janvier.
- Entrés dans l'année.
- Restants au 31 décembre.

Journées d'hospitalisation.
Décès hospitaliers.
Nombre de consultants.
— de consultations.
Accouchements pratiqués.
Nombre de vaccinations et de revaccinations.

Budget...................
- Recettes réalisées.
- Dépenses effectuées.

S'il existe dans la province des léproseries, ajouter :

Léproseries ....
- Lépreux traités dans l'année.
- — internés dans l'année.
- — décédés dans l'année.
- — évadés.
- Journées de traitement des lépreux.

Et pour l'asile d'aliénés (province de Tananarive)
- Aliénés traités dans l'année.
- — internés.
- — décédés.
- Journées de traitement des aliénés.

3° D'une carte de la province divisée en districts, où les formations sanitaires seront spécialement soulignées.

RAPPORT PROPREMENT DIT

CHAPITRE Ier
Fonctionnement du service

TITRE Ier
Considérations générales

Fonctionnement général de l'assistance médicale indigène pendant l'année.

Difficultés ou obstacles qui ont entravé les progrès de l'assistance médicale indigène ; d'origine intrisèque : insuffisance du personnel médical ou subalterne ; nombre insuffisant des formations sanitaires ; ravitaillement en médicaments et pansements ; ravitaillement en matériel (lingerie, literie, etc.) ; insuffisance des ressources pécuniaires (taux de la taxe, dépenses anormales, etc) ; d'origine extrinsèque : état d'esprit de la population indigène ; rôle des sorciers, des matrones, etc., etc.

Rôle des autorités administratives indigènes, des fokonolona.

TITRE II
Locaux

Enumération, par district, des formations sanitaires de la province, en les divisant de la manière suivante :

Hôpitaux avec maternité annexée ;

Hôpitaux sans maternité annexée ;

Postes médicaux avec maternité annexée ;

Postes médicaux simples ;

Maternités indépendantes ;

Léproserie ;

Asile d'aliénés.

En face de chaque formation sanitaire, indiquer le nombre de lits dont elle dispose.

Décrire et donner le plan des travaux neufs seulement.

Enoncer brièvement les grosses réparations et travaux d'entretien faits aux bâtiments existants.

Quel est l'état des locaux en usage ?

TITRE III
Personnel

Liste nominative, et par formation sanitaire, du personnel en
service dans la province, avec les mutations survenues pendant
l'année.

TITRE IV
Médecins et sages-femmes libres

Désigner nominativement les médecins et sages-femmes libres
et indiquer le lieu de leur résidence.

CHAPITRE II
Morbidité et mortalité

TITRE Ier
Considérations générales

Etat sanitaire général au cours de l'année écoulée ; principales
maladies qui ont frappé la population de la province ; affections épidémiques ou endémo-épidémiques qui ont compliqué la situation médicale.

Variation de la morbidité et de la mortalité suivant les différentes
régions de la province.

Variation de la morbidité, de la mortalité et des différentes maladies suivant les saisons.

Variation de la morbidité et de la mortalité suivant l'âge, le sexe.

Morbidité et mortalité des écoles, des prisons, des exploitations
industrielles et agricoles.

Principaux facteurs de morbidité et de mortalité ; par exemple :
insuffisance ou mauvaise qualité de l'alimentation (affections digestives) ;
insuffisance du vêtement (affections pulmonaires) ; mauvaise hygiène
de l'habitation et mauvaise hygiène générale (affections contagieuses) ;
insuffisance de mesures d'hygiène collective (paludisme ou maladies
vénériennes) ; insuffisance des soins médicaux (morbidité et mortalité
générales), etc.

Progrès de l'acoolisme et de la tuberculose.

Comment lutter contre ces différents facteurs ; par exemple :
pour le paludisme : quininisation préventive, destruction des gîtes
à larves et à moustiques, assèchement des rizières, rizipisciculture ;
pour les affections pulmonaires (œuvre des vêtements chauds aux
enfants) ; pour les maladies vénériennes (traitement intensif de la
population, réglementation possible de la prostitution), etc.

TITRE II

Démographie

Nombre global des habitants de la province énuméré par district.

Nombre d'habitants par district, divisé si possible en hommes, femmes et enfants.

Races qui habitent ces différents districts; leur nombre par district.

Dans ce titre, on peut donner quelques considérations ethnographiques sur les différentes races de la province, en ce qu'elles ont trait au service médical (constitution physique des individus, habitation, habillement, alimentation et boissons, mode de travail, conceptions de la vie, de la maladie, de la mort, valeur générale de la race, émigration et immigration).

Tableau, par district, des naissances (divisé en garçons et filles) et des décès (divisé en hommes, femmes et enfants).

Comparaison avec les années précédentes. Quelles sont les causes des variations, s'il en existe?

Comparaison de la natalité et de la mortalité suivant les différents districts. A quelle cause attribuer les différences, s'il en existe ?

Déclaration des naissances et des décès; quelle est sa valeur actuelle? La déclaration obligatoire est-elle possible ?

La mortalité infantile (en dehors des maternités) ; ses causes ; moyens de lutter contre cette mortalité.

TITRE III

Formations sanitaires

A. — *HOPITAUX*.

Répartition des entrées dans les différents hôpitaux de la province (divisées en hommes, femmes et enfants).

Comparaison avec les années précédentes. Quelles sont les causes des variations, s'il en existe ?

Le chapitre doit être ensuite purement technique: passer en revue chaque catégorie d'affections suivant l'ordre de la nomenclature. Pour chacune d'elles, indiquer le nombre total des entrées (divisées en hommes, femmes et enfants); indiquer ensuite le nombre des entrées (hommes, femmes et enfants) occasionnées par les différentes formes de l'affection ; entrer ensuite dans les détails techniques nécessaires sur chacune de ces formes ; rapporter au besoin les observations qui paraissent les plus intéressantes.

Faire porter particulièrement l'étude sur: le paludisme et ses différentes formes, les affections pulmonaires et la tuberculose, les affections des voies digestives, les affections vénériennes.

B. — *MATERNITÉS.*

Diviser les accouchements en :

1° { Accouchements dans les maternités ;
— dans les hôpitaux ;
— faits par les médecins des postes ;
— faits par les sages-femmes des postes ;
— faits à domicile.

2° { Accouchements normaux ;
— gémellaires ;
— prématurés.

3° { Présentations observées ;
Interventions obstétricales pratiquées.

Nombre
de naissances { Garçons ;
Filles.

Mortalité
dans les maternités { Morts-nés ;
Décédés dans la première quinzaine et cause
des décès.

Malformations des nouveaux-nés. Ophtalmie purulente. Décès des parturientes et cause des décès.

Avortements : leur nombre, leurs causes.

Nombre de femmes enceintes venues à la consultation.

Comment lutter contre la stérilité des femmes, l'avortement, la mortinatalité (plus grand nombre de maternités ; création de sages-femmes mobiles, accentuation de la fréquentation des maternités par des primes, des dons de vêtements aux enfants, déclaration obligatoire de la maternité ; accouchement obligatoire par un praticien diplômé, etc., etc.).

C. — *LÉPROSERIES.*

S'il existe des léproseries ou des villages de lépreux, désigner les établissements, leur situation dans la province, leur mode d'administration, leur personnel.

Indiquer le nombre de lépreux en traitement (restants au 1er janvier, entrés, sortis par décès, par évasion, restants au 31 décembre) divisés en hommes, femmes et enfants. Nombre de grossesses chez les lépreuses, avortements, naissances, mortinatalité.

Détails techniques sur les formes de lèpre observées, si nécessaire. Existe-t-il encore des lépreux dans la province ? Leur nombre approximatif ? Comment vivent-ils au milieu de la population ? Quelles mesures seraient à prendre pour leur internement ?

S'il n'existe pas de léproserie, indiquer le nombre approximatif des lépreux de la province. Quelles mesures sont prises pour les interner ? Comment vivent-ils au milieu de la population ? Quelles mesures seraient à prendre pour leur internement ? Les villages de lépreux ? Rôle des fokonolona ?

D. — *DÉPOTS DE QUININE.*

Ont-ils pu satisfaire aux besoins dans le courant de l'année ? Quelle quantité de quinine a été distribuée ?

E. — *DÉPOTS DE MÉDICAMENTS.*

F. — *ÉTABLISSEMENTS PRIVÉS.*

TITRE IV
Consultations

Nombre global de consultants et de consultations données dans les formations sanitaires, divisées en hommes, femmes et enfants.

Nombre de consultants et de consultations par formation sanitaire (hommes, femmes et enfants).

Nombre de consultants et de consultations données dans les tournées (hommes, femmes et enfants).

Affections observées au cours de ces consultations ; indiquer, pour les plus importantes maladies, le nombre de consultations occasionnées par chacune d'entre elles.

Résultats donnés par le service de consultations ? Quelles modifications y apporter ?

CHAPITRE III
Tournées d'hygiène

Tournées du médecin inspecteur.

Nombre de jours de tournées des médecins indigènes et consultations données (hommes, femmes et enfants).

Résultats de ce service au point de vue des consultations, des vaccinations, des kabary d'hygiène, des circoncisions.

Aide des autorités indigènes et des fokonolona.

CHAPITRE IV
Vaccinations

Etablir le tableau des vaccinations et revaccinations, avec les résultats.

Indiquer exactement les numéros du vaccin employé et les dates de réception.

Valeur du vaccin envoyé.

A-t-on observé des cas de variole dans la province, ou depuis quand n'y a-t-il pas eu de cas ?

CHAPITRE V
Administration

Recettes réalisées. Dépenses effectuées.

Excédents de recettes ou de dépenses. Sur quel chapitre a eu lieu cet excédent ?

Crédits obtenus au cours de l'année.

CHAPITRE VI
Desiderata

Les desiderata doivent particulièrement porter sur les locaux, sur le personnel et sur les crédits budgétaires.

Pour les locaux, indiquer les formations sanitaires à créer et pour quelles raisons ; les formations à agrandir.

Quels locaux doivent encore être construits et pour quelles raisons ?

Quelles sont les grosses réparations ou reconstructions à effectuer ?

Pour le personnel, indiquer le personnel européen ou indigène qui serait nécessaire pour le fonctionnement complet du service.

Pour les crédits budgétaires, indiquer si les crédits actuels sont suffisants ou s'il conviendrait de modifier le taux de la taxe.

Tananarive, le 1er octobre 1917.

Le Médecin Inspecteur, Directeur du Service de Santé,

CAMAIL.

CIRCULAIRE N° 1
aux médecins indigènes de l'assistance

———

Tananarive, le 1ᵉʳ mars 1914.

De l'étude des statistiques médicales établies depuis douze années, il résulte que les courbes de la morbidité et de la mortalité indigènes passent chaque année par deux maxima : de février à juin par suite du paludisme, de juin à octobre par suite des affections pulmonaires dues au froid.

En conséquence, il y aurait lieu d'essayer de protéger la population contre les affections évitables qui la déciment à échéances fixes.

Paludisme

1° Au cours de leurs tournées, les médecins de colonisation devront signaler au médecin inspecteur de la province les villages qui leur paraissent les plus éprouvés par le paludisme.

2° Ils devront, au cours de leurs consultations, faire connaître à la population le bénéfice qu'elle aurait à tirer de l'usage de la quinine, tant au point de vue curatif qu'au point de vue préventif, et encourager les indigènes impaludés à se présenter à eux à la suite du kabary sur l'hygiène qu'ils doivent leur adresser les jours de marché ou de réunion.

3° Dans les centres qu'ils auront signalés comme particulièrement paludéens, ils seront autorisés à s'assurer le concours de l'instituteur, dans le but d'effectuer deux fois par semaine une distribution de quinine préventive aux élèves de l'école.

4° Dans ce but, ils seront approvisionnés, par l'hôpital le plus voisin, de pilules de quinine, et remettront à l'instituteur la quantité de pilules de quinine nécessaires pour assurer la distribution de quinine aux enfants jusqu'à leur prochain passage.

5° Un compte sera tenu par eux du nombre de pilules ainsi distribuées.

En dehors de la médication par la quinine, j'attire tout particulièrement votre attention sur deux mesures très importantes qui me paraissent réalisables partout et sont susceptibles d'avoir la plus utile action au point de vue de la prophylaxie paludéenne.

Vous voudrez bien, à chacun de vos kabary, recommander l'application de ces deux mesures :

1° Peuplement des rizières par des poissons rouges ou d'espèce similaire, très nombreux dans les nappes d'eau de la région. Il est reconnu que ces poissons détruisent une quantité énorme de larves de moustiques.

Cette mesure, recommandée depuis longtemps, vient d'être préconisée tout spécialement par le dernier congrès d'hygiène et d'agriculture coloniale.

2° L'assainissement par l'assèchement (mars-avril) dès la fin de la récolte, des rizières (canaux pratiqués pour l'écoulement des eaux dans les parties déclives du terrain à assécher).

Il est inutile de vous rappeler que c'est en mars-avril que sévit surtout le paludisme, qui est le principal facteur de la morbidité et de la mortalité dans le pays.

L'ancien gouvernement hova avait d'ailleurs rendu ce travail obligatoire en fin de récolte dans la région de Tananarive.

Vous voudrez bien renseigner le médecin inspecteur sur ce qui aura été entrepris dans ce sens, d'après vos conseils, par les habitants des diverses régions que vous visitez.

Contre le froid

Par des exemples choisis dans leur pratique journalière, par une interprétation intelligente des statistiques précitées, les médecins devront essayer, au cours de leurs tournées, de persuader la population et d'amener les indigènes à constituer, pour chaque fokonolona, un approvisionnement de couvertures et de vêtements chauds, tout au moins pour les enfants.

A titre d'indication, ils pourront communiquer aux raiamandreny les prix faits à l'assistance par l'adjudicataire pour ces divers articles.

Je me ferai un devoir de signaler tout spécialement à la bienveillance des autorités administratives les médecins qui, par leur zèle, leur conviction, auront su créer dans le pays quelques petites coopératives destinées à préserver les habitants d'une région ou d'un village des affections *à frigore* qui les déciment.

Le *Directeur de l'Assistance médicale indigène,*
Dr H. GALLAY.

CIRCULAIRE N° 2
aux médecins indigènes de l'assistance

Tananarive, le 15 avril 1914.

Chaque médecin indigène devra rendre compte dorénavant, dans un rapport du modèle ci-joint, de l'état hygiénique de la localité où il réside ou des localités ou régions par lui visitées au cours de ses tournées.

Un modèle de rapport vous est adressé en même temps que cette circulaire.

Ce rapport d'hygiène sera établi mensuellement en double expédition : l'une sera transmise directement à M. l'administrateur chef du district intéressé ; l'autre me sera adressée en même temps que le rapport mensuel ordinaire.

Le médecin conservera la minute, qu'il complétera au cours de ses visites ultérieures.

Comme il s'agit d'un travail de longue haleine, chaque praticien pourra se contenter de m'adresser seulement par mois un rapport concernant une localité nouvelle parmi celles qu'il inspecte.

Nous arriverons ainsi progressivement à constituer le dossier hygiénique du pays.

Les médecins profiteront de toutes les circonstances, tout particulièrement des consultations et des entretiens familiers, pour orienter l'esprit des indigènes vers une meilleure hygiène, une plus grande propreté.

Ils profiteront des réunions, telles que les marchés, pour faire à la population, en termes familiers et compréhensibles pour tous, des kabary traitant les points suivant à développer :

1° **Hygiène de l'individu** : Propreté corporelle, propreté des vêtements, propreté des récipients servant à l'alimentation et des mains (ongles coupés ras) des femmes qui préparent les aliments, propreté des récipients portés à la consultation ;

2° **Hygiène de la famille** : Propreté de la case, blanchiment des murs intérieurs au moins annuel et après chaque décès. Lessivage nécessaire à l'eau bouillante des vêtements ou couvertures ayant servi aux malades, et surtout aux galeux. Exposition fréquente au soleil des objets de literie. Parler du danger des crachats, surtout de ceux émis par les malades des voies aériennes ;

3° **Hygiène du village** (S'inspirer du modèle de rapport ci-joint)';

4° **Prophylaxie des principales maladies :**

a) *Paludisme* : Destruction des gîtes à moustiques, emploi de moustiquaires, quinine préventive (mares et trous à combler) ;

b) *Affections pulmonaires « à frigore »* : Éviter de garder des vêtements mouillés, protection contre le froid nocturne, achat de vêtements chauds, crachoirs improvisés pour les malades atteints de ces affections ;

c) *Affections du tube digestif* : Diarrhée, dysenterie, vers intestinaux, dus à la contamination des eaux d'alimentation ou des légumes et fruits consommés verts et souillés de la même façon ;

d) *Maladies vénériennes* : 1° Blennorrhagie (stérilité souvent consécutive par métrite chronique chez les femmes, par orchite et rétrécissement chez les hommes) ; 2° Syphilis (avortements et enfants hérédo-syphilitiques, nécessité d'un long traitement (5 ans) régulièrement suivi).

e) *Alcoolisme* : Boissons alcooliques de fabrication locale ou importées, aussi mauvaises, surtout l'absinthe : 1° dangers de l'alcoolisme pour l'individu : maux d'estomac, affaiblissement physique, abrutissement, folie ; 2° dangers pour la race : peu d'enfants ou des enfants malingres ou idiots. Exemple des populations côtières : Betsimisaraka, Sakalava, très éprouvées par l'alcoolisme et qui n'ont presque plus d'enfants.

Réserver l'argent employé à acheter de l'absinthe ou autres poisons pour des achats utiles : moustiquaires contre le paludisme, couvertures et vêtements chauds contre la pneumonie ;

f) *Puériculture et hygiène de l'enfance* : Avantages des maternités. Présenter au médecin, tous les mois, les enfants du premier âge. Réglementation des tétées toutes les deux heures jusqu'à cinq mois, toutes les trois heures du cinquième au neuvième mois ; sevrage progressif à partir du neuvième mois. Soins de propreté, balnéation, vêtements chauds, vaccination.

g) *Des moyens d'éviter les avortements* : Repos nécessaire de la femme enceinte deux semaines avant l'accouchement, trois semaines après. Traitement prophylactique des femmes enceintes, syphilitiques et paludéennes. Les rechercher et leur distribuer les médicaments spécifiques aux doses préventives connues.

NOTA 1. — Les demandes de médicaments sont toujours insuffisantes en ce qui concerne les médicaments que l'on peut considérer comme curatifs (préparations mercurielles, iodure de potassium, etc., et surtout quinine). En revanche, d'autres médicaments, qui n'ont qu'une valeur symptomatique, sont demandés en excès.

NOTA 2. — Pour les affections chroniques les plus communes (syphilis, paludisme) les prescriptions médicamenteuses sont le plus souvent insuffisantes en ce qui concerne les doses prescrites et surtout la durée de traitement à faire connaître. Elles sont souvent inefficaces, l'heure et le mode d'administration n'ayant pas été suffisamment indiqués.

Nota 3. — Au cours de vos consultations, vous voyez trop de malades en peu de temps ; vous devez profiter de chaque cas pour donner aux consultants les conseils et les renseignements ci-dessus indiqués.

Nota 4. — Des curieux et des oisifs encombrent trop souvent inutilement les consultations des médecins mobiles, tandis que les malades graves, privés de soins, restent abandonnés au fond des cases.

Il appartient aux médecins de rechercher avant tout les malades de cette catégorie pour les soigner et les évacuer, si possible, sur les ormations sanitaires.

Les autorités administratives locales doivent aider le médecin dans ces recherches.

Le Directeur de l'Assistance médicale indigène,
Dr H. GALLAY.

CIRCULAIRE N° 3

aux médecins indigènes de l'assistance

Tananarive, le 1" mai 1911.

MODÈLE DU RAPPORT D'HYGIÈNE

Village de..

Canton de..

District de..

Visite du..

Etat des abords du village. — Renseignements à fournir :

1° Existe-t-il des haies de cactus encerclant le village et retenant les immondices.

2° Points d'eau servant à l'alimentation. — Nombre. — Du meilleur mode de protection contre les immondices et les eaux de ruissellement au moyen de margelles et de périmètres de protection à entourer.

3° Feuillées (*de préférence aux fosses fixes*), en existe-t-il? Combien sont nécessaires? Déterminer leur emplacement en contrebas des sources, après entente avec les habitants (les feuillées sont des tranchées de 3 mètres de long sur 0,15 de large et 0,50 de profondeur, servant de fosses d'aisances, qui sont comblées peu à peu ; chaque individu en faisant usage doit rejeter, au moyen du pied, une certaine quantité de terre sur ses propres excréments).

4° Dépotoir. — Lieu assigné pour le dépôt des balayures et ordures ménagères à détruire en ce point, soit par enfouissement, soit par incinération. En déterminer l'emplacement.

5° Rues du village. — Etat de propreté. — Existe-il des caniveaux latéraux pour l'écoulement des eaux ?

6° Marché. — Comment est-il tenu ?

7° Viandes vendues au marché. — Résultat de l'inspection.

8° Maisons. — Signaler, à fin de désinfection, celles ayant abrité des lépreux, tuberculeux ou autres contagieux. Signaler celles qui, par leur saleté, leur vétusté, leur manque d'aération et de lumière, sont manifestement anti-hygiéniques.

9° Signaler, dans le village même ou à sa périphérie, les *mares* qui peuvent être comblées, les autres gîtes à moustiques, récipients vides qui peuvent être détruits ou surveillés. Signaler leur danger à la population.

10° Malades contagieux. — Signaler nominativement les malades atteints de maladies contagieuses ou transmissibles, ainsi que les malades graves à transporter à l'hôpital.

11° Sorciers. — Signaler les sorciers ou matrones dont les pratiques et les conseils peuvent être nuisibles à la population ou à l'œuvre de l'assistance.

12° Quinine préventive dans les écoles désignées. Comment est acceptée la distribution ?

13° Des moyens de protection contre le froid. — Le fokonolona est-il disposé à acheter pour la communauté des couvertures et des vêtements chauds, au moins pour les enfants ?

14° Chiens sans maîtres ou insuffisamment surveillés et nourris à abattre.

15° Kabary faits, date, compte rendu très sommaire.

Le Directeur de l'Assistance médicale indigène,

Dr H. GALLAY.

PERSONNEL

ARRÊTÉ DU 24 OCTOBRE 1911

portant organisation du personnel indigène de l'assistance médicale indigène

***

Art. 1er. — Le personnel indigène de l'assistance médicale comprend :

1° Des médecins indigènes de l'assistance médicale appelés à diriger les hôpitaux et les postes médicaux et à effectuer des tournées d'hygiène et de vaccination ;

2° Des sages-femmes indigènes de l'assistance médicale chargées de la direction des maternités et des accouchements à domicile ;

3° Des infirmiers et infirmières de l'assistance médicale chargés de seconder les médecins et les sages-femmes dans les soins à donner aux malades.

Hiérarchie. — Solde. — Classement

Art. 2. — La hiérarchie, la solde et le classement du personnel indigène de l'assistance médicale sont fixés conformément aux indications du tableau ci-après.

HIÉRARCHIE		SOLDES	CLASSEMENT
I. — Médecins indigènes de l'assistance médicale			
Médecins principaux	de 1re classe.......	3.000	2e catégorie
	de 2e classe........	2.700	
Médecins	de 1re classe........	2.400	
	de 2e classe.... ...	2.100	
	de 3e classe........	1.800	3e catégorie
	de 4e classe........	1.500	
II. — Sages-femmes indigènes de l'assistance médicale			
Sages-femmes	de 1re classe.......	600(1)	1e catégorie
	de 2e classe........	500	
	de 3e classe........	400	

HIÉRARCHIE	SOLDE	CLASSEMENT
III. — Infirmiers et infirmières de l'assistance médicale indigène Infirmiers et infirmières { de 1re classe....... de 2e classe....... de 3e classe....... stagiaires..........	Soldes (2) variables suivant les circonscriptions	4e catégorie

(1) Solde pouvant être portée à 800 francs par augmentations successives de 100 francs.
(2) Des décisions locales soumises à l'approbation du Gouverneur Général fixent, dans chaque circonscription, les soldes des infirmiers et infirmières de l'assistance médicale. Ces soldes augmentent uniformément de 60 francs par classe sans excéder pour la 1re classe la somme de 480 francs pour les infirmiers et 420 francs pour les infirmières.

Recrutement

ART. 3. — Nul ne peut être admis dans le personnel indigène de l'assistance médicale s'il ne réunit les conditions suivantes :

1° Etre indigène de Madagascar ou de l'une de ses dépendances ;

2° Etre âgé de 18 ans au moins ;

3° Etre de bonnes vie et mœurs ;

4° Jouir d'une bonne santé et être apte à servir sur tous les points de la Colonie.

Les candidats devront produire les pièces suivantes :

1° Un extrait de leur acte de naissance ou un certificat de notoriété en tenant lieu ;

2° Un certificat de bonnes vie et mœurs et un certificat de non-condamnation ayant moins de trois mois de date et délivrés après enquête par le chef du district du lieu de leur résidence ;

3° Un certificat médical délivré par le médecin-inspecteur de l'assistance médicale indigène ou le médecin des fonctionnaires du lieu de leur résidence et ayant moins de trois mois de date ;

4° Les copies des diplômes et certificats qui ont pu leur être délivrés.

Médecins indigènes de l'assistance médicale

ART. 4. — Les médecins indigènes de l'assistance médicale sont recrutés par voie de concours.

Le concours a lieu tous les ans à Tananarive, à la fin de l'année scolaire.

Peuvent prendre part au concours tous les médecins indigènes diplômés de l'école de médecine de Tananarive et les médecins indigènes munis d'un diplôme français.

Le concours porte sur toutes les branches de la médecine ; il est passé devant un jury de trois membres désignés par le Gouverneur Général sur la proposition du directeur de l'assistance médicale, président.

Une décision du Gouverneur Général, prise sur la proposition du directeur de l'assistance médicale, fixe chaque année la date du concours et le nombre des places à donner au concours.

Art. 5. — Les nominations après concours sont faites par le Gouverneur Général; elles ont toujours lieu à la dernière classe, sauf l'exception ci-après: les médecins indigènes pourvus d'un diplôme de docteur en médecine délivré par une faculté de France et classés au concours débutent directement à la 3e classe. Avant d'être nommés les candidats sont tenus de souscrire un engagement de cinq ans à compter du jour de leur nomination ; cet engagement est renouvelable.

Les agents licenciés ou démissionnaires ne peuvent être réintégrés qu'à la dernière classe et après avoir satisfait à nouveau au concours.

Les agents révoqués ne peuvent faire l'objet d'une nouvelle nomination.

Art. 6. — Les médecins indigènes de l'assistance médicale nouvellement nommés sont astreints à un stage effectif de deux ans. Passé ce délai, ils sont licenciés s'ils n'ont pas fait l'objet d'un rapport de leur chef de service indiquant qu'ils possèdent l'aptitude nécessaire pour être admis définitivement dans le cadre.

Ils peuvent être licenciés avant l'expiration de cette période si leur inaptitude est formellement reconnue.

Les licenciements de cette nature ne donnent droit à aucune indemnité.

Sages-femmes indigènes de l'assistance médicale

Art. 7. — Les sages-femmes indigènes de l'assistance médicale sont recrutées par voie de concours parmi les sages-femmes indigènes diplômées.

Le concours a lieu tous les ans à Tananarive, à la fin de l'année scolaire. Il porte sur la théorie et la pratique des accouchements ; il est passé devant un jury de trois membres désignés par le Gouverneur Général sur la proposition du directeur de l'assistance médicale, président. Une décision du Gouverneur Général, prise sur la proposition du directeur de l'assistance médicale, fixe chaque année la date du concours et le nombre des places à donner au concours.

Art. 8. — Les nominations après concours sont faites par le Gouverneur Général, elles ont toujours lieu à la dernière classe.

Avant d'être nommées, les candidates sont tenues de souscrire un engagement de cinq ans à compter du jour de leur nomination.

Cet engagement est renouvelable. Les sages-femmes licenciées ou démissionnaires ne peuvent être réintégrées qu'à la dernière classe et après avoir satisfait à nouveau au concours. Les sages-femmes révoquées ne peuvent faire l'objet d'une nouvelle nomination.

Art. 9. — Les sages-femmes nouvellement nommées sont astreintes à un stage effectif de deux ans. Passé ce délai, elles sont licenciées si elles n'ont pas fait l'objet d'un rapport de leur chef de service,indiquant qu'elles possèdent l'aptitude nécessaire pour être admises définitivement dans le cadre.

Elles peuvent être licenciées avant l'expiration de cette période si leur inaptitude est formellement reconnue.

Les licenciements de cette nature ne donnent droit à aucune indemnité.

Infirmiers et infirmières de l'assistance médicale

Art. 10. — Les infirmiers et infirmières de l'assistance médicale sont recrutés dans les circonscriptions où ils sont appelés à servir, par les soins des administrations provinciales, parmi les indigènes sachant lire, écrire et autant que possible parler le français.

Art. 11. — Les nominations sont faites par décisions des chefs de circonscription p.. sur l'avis des médecins inspecteurs de l'assistance médicale ind ...nes et soumises à l'approbation du Gouverneur Général ; elles ont toujours lieu à la classe des stagiaires.

Les agents licenciés ou démissionnaires ne peuvent être réintégrés qu'à la dernière classe.

Les agents révoqués ne peuvent faire l'objet d'une nouvelle nomination.

Art. 12. — Les agents nouvellement nommés sont astreints à un stage effectif de six mois, à l'expiration duquel ils sont titularisés à la 3e classe ou licenciés s'ils sont reconnus inaptes à remplir les fonctions auxquelles ils sont destinés.

Ils peuvent être licenciés avant l'expiration de cette période si leur inaptitude est formellement reconnue.

Les licenciements de cette nature ne donnent droit à aucune indemnité.

Avancements

Art. 13. — Les avancements sont accordés exclusivement au choix.

Les promotions sont faites les 1er janvier et 1er juillet de chaque année.

Les avancements sont accordés :

1° Par le Gouverneur Général, sur la proposition du directeur de l'assistance médicale, en ce qui concerne les médecins et les sages-femmes indigènes de l'assistance médicale ;

5

2° Par les chefs de circonscription après avis du directeur de l'assistance médicale, sous réserve de l'approbation du Gouverneur Général et dans la limite des crédits inscrits au budget, en ce qui concerne le personnel infirmier.

A cet effet, le directeur de l'assistance médicale établira semestriellement et adressera au Gouverneur Général, avant les 1ᵉʳ juin et 1ᵉʳ décembre de chaque année, un état mentionnant, par ordre de préférence, les noms des médecins et sages-femmes indigènes proposés, leur grade, la date de leur dernière nomination, l'avancement demandé et les motifs détaillés de la proposition.

Les chefs de circonscription adresseront au Gouverneur Général, avant les 1ᵉʳ juin et 1ᵉʳ décembre de chaque année, une décision portant avancement dans le personnel infirmier.

ART. 14. — Nul ne peut être promu à la classe ou à la solde supérieure s'il ne réunit le temps de services effectifs ci-après :

Deux ans pour les sages-femmes de toutes classes et pour les médecins de 4ᵉ, 3ᵉ et 2ᵉ classe ;

Trois a·· pour les médecins indigènes de 1ʳᵉ classe et pour les médecins principaux ;

Trois ans pour les infirmiers et les infirmières de toutes classes.

Licenciements. — Démissions

ART. 15. — Les licenciements pour suppression d'emploi et pour inaptitude physique ou professionnelle dûment constatée font l'objet :

1° De décisions du Gouverneur Général prises sur la proposition du directeur de l'assistance médicale et l'avis des chefs de circonscription, en ce qui concerne les médecins et sages-femmes indigènes de l'assistance médicale ;

2° De décisions des chefs de circonscription prises sur l'avis des médecins inspecteurs de l'assistance médicale et sous réserve de l'approbation du Gouverneur Général, en ce qui concerne le personnel infirmier.

Sont également licenciés du service, dans les conditions ci-dessus, les agents indigènes ayant atteint l'âge de 50 ans, limite pouvant être portée jusqu'à 58 ans par décisions spéciales du Gouverneur Général.

Les démissions, transmises par voie hiérarchique, sont acceptées par le Gouverneur Général, en ce qui concerne les médecins et sages-femmes indigènes de l'assistance médicale ; par les chefs de circonscription, sous réserve de l'approbation du Gouverneur Général, en ce qui concerne le personnel infirmier.

Discipline

ART. 16. — Les peines disciplinaires qui peuvent être appliquées au personnel indigène de l'assistance médicale sont les suivantes :

1° La réprimande ;

2° Le blâme avec inscription au dossier;

3° La privation de traitement ne pouvant affecter que la moitié de la solde et ne devant pas excéder deux mois ; cette peine peut se cumuler avec les deux précédentes ;

4° La rétrogradation ;

5° La révocation.

Ces punitions sont infligées :

A. — *Médecins et sages-femmes indigènes de l'assistance médicale*

La réprimande avec ou sans privation de traitement de un à huit jours, par le directeur de l'assistance médicale ou par les chefs de circonscription, après avis du directeur de l'assistance médicale.

Le blâme avec inscription au dossier avec ou sans privation de traitement de un à huit jours, par le directeur de l'assistance médicale. Les dossiers, accompagnés de l'avis des chefs de circonscription, sont soumis à l'approbation du Gouverneur Général.

La privation de traitement de plus de huit jours, la rétrogradation et la révocation, par le Gouverneur Général, sur le rapport motivé du directeur de l'assistance médicale et l'avis des chefs de circonscription.

B. — *Personnel infirmier*

La réprimande, par le médecin inspecteur de l'assistance médicale.

Le blâme avec ou sans la privation de traitement de un à huit jours, par les chefs de circonscription, sur la proposition ou après avis du médecin inspecteur de l'assistance médicale.

La privation de traitement de plus de huit jours, la rétrogradation et la révocation, par les chefs de circonscription, sur la proposition ou après avis du médecin inspecteur de l'assistance médicale et sous réserve de l'approbation du Gouverneur Général.

ART. 17. — Les peines disciplinaires de toute nature ne peuvent être infligées qu'après que les agents incriminés ont été appelés à fournir des explications verbales ou écrites sur les griefs qui leur sont reprochés.

Suspension de fonctions

ART. 18. — Les agents indigènes de l'assistance médicale peuvent être suspendus de leurs fonctions en prévision d'une mesure disciplinaire grave ou d'une information judiciaire. La suspension est prononcée par le Gouverneur Général, sur la proposition motivée du directeur de l'assistance médicale et l'avis des chefs de circonscription, en ce qui concerne les médecins et sages-femmes indigènes; par les chefs de circonscription, sur la proposition ou après avis du médecin inspecteur de l'assistance médicale et sous réserve de l'approbation du Gouverneur Général, en ce qui concerne le personnel infirmier.

Tenue

Art. 19. — La tenue est fixée ainsi qu'il suit :

A. — *Médecins indigènes de l'assistance médicale*

Tenue de flanelle

Dolman en flanelle de Chine bleu marine, un seul rang de sept boutons d'or avec caducée de la dimension du modèle d'ordonnance du corps des administrateurs.

Au collet : caducée en or sur fonds velours grenat.

Sur la manche et sur fond velours grenat : broderie d'or circulaire avec soutache, olivier et chêne entrelacés, de 0 m. 020 de largeur, dont le bord inférieur est à 6 centimètres de l'extrémité de la manche.

Pantalon de même étoffe que le dolman.

Coiffure : Casque colonial avec caducée en or.

Casquette du modèle de la marine en drap bleu avec caducée en or au-dessus de la visière, et sur le turban broderie circulaire et soutache semblables à celle des manches.

Tenue en blanc

Dolman droit à sept boutons ; mêmes attributs que pour la tenue de flanelle, mobiles sur fond velours grenat.

B. — *Infirmiers*

Les infirmiers sont autorisés à porter les insignes ci-après :

Infirmiers de 3ª classe. — Lettres A. M. I. brodées au collet du dolman en coton bleu sur le dolman blanc et en coton blanc sur le dolman noir.

Infirmiers de 2ᵉ et de 1ᵒ classe. — Mêmes initiales en argent et en outre un galon d'un centimètre de largeur sur la manche pour les infirmiers de 1ʳ classe.

Casquette en drap noir portant au-dessus de la visière les lettres A. M. I. brodées en coton pour les infirmiers de 3ᵉ classe et en argent pour les infirmiers de 2ᵉ et de 1ʳᵉ classe.

Dispositions générales

Art. 20. — Le personnel indigène de l'assistance médicale est soumis aux dispositions de l'arrêté du 8 octobre 1911 sur la solde et les allocations accessoires du personnel indigène, et de l'arrêté du 24 octobre 1911 sur les transports et les indemnités de route et de séjour.

Art. 21. — Le personnel indigène de l'assistance médicale a droit au logement. Le défaut de logement, lorsque l'administration est dans l'impossibilité de le fournir, ne peut donner lieu à aucune indemnité représentative.

Art. 22. — Le personnel indigène de l'assistance médicale astreint à demeurer dans les hôpitaux indigènes a droit à la ration journalière qui no peut en aucun cas être transformée en indemnité représentative.

Art. 23. — Des décisions locales soumises à l'approbation du Gouverneur Général fixent les effectifs des infirmiers et infirmières par établissement hospitalier, à raison de un infirmier ou infirmière par huit lits.

Dans chaque circonscription, l'effectif des infirmiers et infirmières de 1re classe ne peut excéder le tiers de l'effectif total. L'effectif des infirmiers et infirmières de 1re et de 2e classe ne peut excéder les deux tiers de l'effectif total.

Disposition transitoire

Art. 24. — Les médecins indigènes de 1re classe actuellement en service continueront à percevoir la solde dont ils sont titulaires jusqu'au jour où ils auront obtenu un avancement ayant pour effet de leur conférer une solde supérieure.

Art. 25. — Le directeur des finances et de la comptabilité, le directeur de l'assistance médicale et les chefs de circonscription intéressés sont chargés, chacun en ce qui le concerne, de l'exécution du présent arrêté qui entrera en vigueur le 1er janvier 1912 et sera inséré au *Journal Officiel* de la colonie de Madagascar et Dépendances et publié ou communiqué partout où besoin sera.

Tananarive, le 24 octobre 1911.

ALBERT PICQUIÉ.

ARRÊTÉ DU 15 FÉVRIER 1916

portant réorganisation du personnel hospitalier indigène de l'assistance médicale indigène

ART. 1ᵉʳ. — Le personnel hospitalier indigène de l'assistance médicale indigène comprend :

1° Des infirmiers principaux ;

2° Des infirmiers et infirmières ;

3° Des servants.

Hiérarchie. — Solde. - Classement

ART. 2. — La hiérarchie, la solde et le classement du personnel hospitalier indigène de l'assistance médicale indigène sont fixés conformément aux indications du tableau ci-après :

HIÉRARCHIE		SOLDE	CLASSEMENT
Infirmiers principaux...	1ʳᵉ classe..	1.000 francs	3ᵉ catégorie
	2ᵉ — ..	800 —	
	3ᵉ — ..	600 —	
Infirmiers principaux stagiaires.............	1ʳᵉ classe..	420 —	
	2ᵉ — ..	360 —	4ᵉ catégorie
	3ᵉ — ..	300 —	
Infirmiers et infirmières	1ʳᵉ classe..	Solde variable suivant les circonscriptions (1)	
	2ᵉ — ..		
	3ᵉ — ..		
Infirmiers stagiaires................ Servants.........................		Solde variable suivant les circonscriptions et pouvant aller de 90 à 300 francs.	id.

(1) Des décisions locales, soumises à l'approbation du Gouverneur Général, fixent, dans chaque circonscription, les soldes des infirmiers et infirmières de l'assistance médicale indigène. Ces soldes augmentent uniformément de 60 francs par classe sans excéder, pour la 1ʳᵉ classe, la somme de 180 francs pour les infirmiers et 420 francs pour les infirmières.

Recrutement

Art. 3. — Nul ne peut être admis dans le personnel hospitalier indigène de l'assistance médicale s'il ne réunit les conditions suivantes :

1° Etre indigène de Madagascar ou de l'une de ses dépendances ;

2° Etre âgé de 18 ans au moins et de 36 ans au plus, exception faite pour les infirmiers principaux stagiaires qui peuvent être recrutés à partir de 19 ans ;

3° Etre de bonnes vie et mœurs ;

4° Jouir d'une bonne santé et être apte à servir sur tous les points de la Colonie.

Les candidats devront produire les pièces suivantes :

1° Un extrait de leur acte de naissance ou un certificat de notoriété en tenant lieu ;

2° Un certificat de bonnes vie et mœurs et un certificat de non-condamnation ayant moins de trois mois de date et délivrés, après enquête, par le chef du district du lieu de leur naissance ;

3° Un certificat médical délivré par le médecin inspecteur de l'assistance médicale indigène ou le médecin des fonctionnaires du lieu de leur résidence et ayant moins de trois mois de date ;

4° Les copies des diplômes et certificats qu'ils peuvent posséder, et notamment la copie du certificat qui leur aura été délivrée par le directeur de l'école où ils ont fait leurs études.

Infirmiers principaux de l'assistance médicale indigène

Art. 4. — Les infirmiers principaux stagiaires de l'assistance médicale indigène sont recrutés parmi les indigènes connaissant la langue française, sachant lire et écrire et possédant des notions sommaires d'arithmétique.

Ils sont nommés, après avis des chefs de circonscription où ils sont recrutés, par décision du Gouverneur Général, sur la proposition du directeur de l'assistance médicale indigène.

La proposition doit être accompagnée, en outre, des pièces réglementaires prévues à l'article ci-dessus :

1° D'un certificat du médecin inspecteur de la circonscription intéressée, constatant que le candidat possède les rudiments ci-dessus indiqués et présente en outre les aptitudes requises ;

2° D'une attestation du chef de la province relative aux antécédents et à la *moralité* du candidat.

Art. 5. — Les candidats sont nommés infirmiers principaux stagiaires ; ils sont tenus de contracter un engagement de dix ans à compter du jour de leur nomination à l'emploi d'infirmier principal de 3e classe. Cet engagement peut être renouvelé.

Art. 6. — Les infirmiers principaux stagiaires effectuent un stage de trois ans dans une des formations sanitaires suivantes :

Hôpitaux ou ambulances du service général de Tananarive, Diego-Suarez, Tamatave, Majunga, hôpital indigène de Fianarantsoa.

Art. 7. — L'instruction qu'ils reçoivent au cours de ces trois années est essentiellement pratique. Elle comprend :

1re année. — Notions du système métrique, particulièrement en ce qui se rapporte aux mesures de poids, de longueur et de capacité d'usage courant en médecine et en pharmacie. Service des salles, hygiène hospitalière, soins à donner aux grands malades, contagieux, aliénés. Pansements simples.

2e année. — Notions de pharmacie : principales préparations, orthographe des médicaments usuels, établissement des relevés de pharmacie. Exécution des prescriptions médicales. Notions succinctes d'anatomie et de physiologie. Bandages et appareils.

3e année. — Notions de technique instrumentale et chirurgicale, énumération et description des appareils usuels ; soins à donner aux instruments. Préparation de l'anesthésie. Asepsie. Notions de petite chirurgie : massage, révulsion, cautérisation, saignée, scarification, sutures. Soins d'urgence à donner aux malades.

Ces instructions sont données par le médecin inspecteur ou les médecins attachés aux établissements ci-dessus désignés, pendant les heures de service qu'ils doivent consacrer à l'établissement.

Art. 8. — A la fin de chaque année de stage, les infirmiers principaux stagiaires subissent sur place un examen d'aptitude devant une commission composée de :

Le chef de la province, *président.*

Le médecin inspecteur, }
Un instituteur européen, } *membres.*

Le programme de cet examen porte sur les matières enseignées au cours de l'année.

En cas d'insuccès, les infirmiers principaux stagiaires peuvent être autorisés à redoubler leur année de stage. Ils peuvent également, sur la proposition du médecin inspecteur, après avis du chef de la province et du directeur de l'assistance médicale indigène, être licenciés, sans pouvoir prétendre à une indemnité.

Le licenciement a lieu d'office après deux échecs successifs.

Les élèves qui ont passé avec succès le troisième examen sont nommés infirmiers principaux de 3e classe.

Art. 9. — Les élèves de l'école de médecine n'ayant pu obtenir le diplôme de fin d'études peuvent être nommés immédiatement infirmiers principaux de 3e classe, sur la proposition du directeur du service de santé.

Art. 10. — Les infirmiers principaux servent en principe, et selon leur province d'origine, dans une des cinq circonscriptions suivantes :

1re circonscription (Tananarive)

Provinces de Tananarive, de l'Itasy, du Vakinankaratra, d'Ambositra, de Moramanga, district autonome d'Ankazobe.

2e circonscription (Diego-Suarez)

Provinces de Diego-Suarez, de Vohemar, d'Analalava, de Nosy-Be, des Comores, district autonome d'Ambilobe.

3e circonscription (Majunga)

Provinces de Majunga, de Maevatanana, de Morondava, de Tulear.

4e circonscription (Tamatave)

Provinces de Tamatave, de Maroantsetra, de Sainte-Marie, de Vatomandry.

5e circonscription (Fianarantsoa)

Provinces de Fianarantsoa, de Betroka, de Farafangana, de Fort-Dauphin, de Mananjary.

Infirmiers et infirmières de l'assistance médicale indigène

Art. 11. — Les infirmiers et infirmières de l'assistance médicale sont recrutés dans les circonscriptions où ils sont appelés à servir, par les soins de l'administration provinciale, parmi les indigènes sachant lire, écrire et, autant que possible, parler le français.

Art. 12. — Les nominations sont faites par décisions des chefs de circonscription prises sur l'avis des médecins inspecteurs de l'assistance médicale indigène ; elles ont toujours lieu à la classe des stagiaires.

Les agents licenciés ou démissionnaires ne peuvent être réintégrés qu'à la dernière classe.

Les agents révoqués ne peuvent faire l'objet d'une nouvelle nomination.

Art. 13. — Les agents nouvellement nommés sont astreints à un stage effectif de six mois, à l'expiration duquel ils sont titularisés à la 3e classe ou licenciés s'ils sont reconnus inaptes à remplir les fonctions auxquelles ils sont destinés.

Ils peuvent être licenciés avant l'expiration de cette période si leur inaptitude est formellement reconnue.

Les licenciements de cette nature ne donnent droit à aucune indemnité.

Art. 14. — Les infirmiers de 1re classe peuvent être nommés infirmiers principaux de 3e classe. La limite d'âge est augmentée pour ces agents du temps déjà passé par eux dans le cadre des infirmiers.

Un quart des emplois d'infirmiers principaux de 3e classe est réservé aux candidats de cette catégorie.

Le concours qu'ils doivent subir devant la commission désignée à l'article 8 comprend le programme des trois années combinées imposé aux infirmiers principaux stagiaires. Pour pouvoir prendre part à ce concours, leur candidature doit être agréée préalablement par le directeur de l'assistance médicale indigène ; il sera tenu compte de leurs antécédents et aptitudes professionnelles, ainsi que de leur tenue et de leur moralité.

Servants

ART. 15. — Les servants sont recrutés directement par les médecins inspecteurs et nommés par les chefs de province dans les mêmes conditions que les plantons, bourjanes, etc., conformément aux prescriptions de la circulaire du 27 janvier 1914.

Attributions. — Devoirs

ART. 16. — Les infirmiers principaux sont, en principe, affectés aux postes médicaux dépourvus de médecin ; ils en ont la gérance intégrale, tant au point de vue technique qu'administratif. Ils peuvent être aussi, le cas échéant, affectés aux hôpitaux indigènes.

Ils ont sous leurs ordres les infirmiers et les servants.

Les infirmiers, infirmières et les servants sont affectés aux hôpitaux, postes médicaux et maternités de l'assistance médicale indigène.

Tout le personnel hospitalier indigène de l'assistance médicale indigène est placé sous les ordres du médecin inspecteur de la circonscription.

ART. 17. — Les infirmiers principaux et infirmiers doivent respect et obéissance aux représentants de l'autorité administrative et militaire, ainsi qu'à leurs supérieurs directs, sans préjudice de la déférence dont ils doivent faire preuve en toutes circonstances à l'égard de tout ce qui touche à la France.

Leur devoir professionnel les astreint à la plus grande correction vis-à-vis du public, et, à l'égard des malades confiés à leurs soins, du plus grand empressement, et à une bienveillance patiente et attentive. Ils sont également tenus au secret professionnel le plus absolu.

Avancement

ART. 18. — Les avancements sont accordés exclusivement au choix. Les promotions sont faites les 1er janvier et 1er juillet de chaque année.

Les avancements sont accordés :

1° Par le Gouverneur Général, sur la proposition du directeur de l'assistance médicale, en ce qui concerne les infirmiers principaux.

A cet effet, le directeur de l'assistance médicale établira et adressera au Gouverneur Général, avant le 1er décembre de chaque année, un état mentionnant les noms des infirmiers principaux proposés, leur grade, la date de leur dernière nomination, l'avancement demandé et les motifs détaillés de la proposition ;

2° Par les chefs de circonscription, après avis du directeur de l'assistance médicale, sous réserve de l'approbation du Gouverneur Général et dans la limite des crédits inscrits au budget, en ce qui concerne le personnel infirmier subalterne.

Dans ce but, les chefs de circonscription adresseront au Gouverneur Général, avant les 1er juin et 1er décembre de chaque année, une décision portant avancement dans le personnel infirmier.

Art. 19. — Nul ne peut être promu à la classe ou à la solde supérieure s'il ne réunit trois ans de services effectifs.

Licenciements. — Démissions

Art. 20. — Les licenciements pour suppression d'emploi et pour inaptitude physique ou professionnelle dûment constatée font l'objet :

1° De décisions du Gouverneur Général, prises sur la proposition du directeur de l'assistance médicale et l'avis des chefs de circonscription, en ce qui concerne les infirmiers principaux indigènes de l'assistance médicale ;

2° De décisions des chefs de circonscription, prises sur l'avis des médecins inspecteurs de l'assistance médicale et sous réserve de l'approbation du Gouverneur Général, en ce qui concerne les infirmiers.

Sont également licenciés du service par décisions spéciales du Gouverneur Général dans les conditions ci-dessus, les agents indigènes ayant atteint l'âge de 50 ans.

Les démissions, transmises par voie hiérarchique, sont acceptées par le Gouverneur Général, en ce qui concerne les infirmiers principaux indigènes de l'assistance médicale ; par les chefs de circonscription, sous réserve de l'approbation du Gouverneur Général, en ce qui concerne les infirmiers.

Discipline

Art. 21. — Les peines disciplinaires qui peuvent être appliquées au personnel hospitalier indigène de l'assistance médicale sont les suivantes :

1° La réprimande ;

2° Le blâme avec inscription au dossier ;

3° La privation de traitement ne pouvant affecter que la moitié de la solde et ne devant pas excéder deux mois ; cette peine peut se cumuler avec les deux précédentes ;

4° La rétrogradation ;

5° La révocation.

Ces punitions sont infligées :

a) *Infirmiers principaux indigènes de l'assistance médicale*

La réprimande avec ou sans privation de traitement de un à huit jours, par le directeur de l'assistance médicale ou par les chefs de circonscription, après avis du directeur de l'assistance médicale.

La blâme avec inscription au dossier avec ou sans privation de traitement de un à quinze jours, par le directeur de l'assistance médicale. Les dossiers, accompagnés de l'avis des chefs de circonscription, sont soumis à l'approbation du Gouverneur Général.

La privation de traitement de plus de quinze jours, la rétrogradation et la révocation, par le Gouverneur Général, sur le rapport motivé du directeur de l'assistance médicale et l'avis des chefs de circonscription.

b) *Personnel des infirmiers et infirmières*

La réprimande, par le médecin inspecteur de l'assistance médicale.

Le blâme avec ou sans la privation de traitement de un à quinze jours, par les chefs de circonscription, sur la proposition ou après avis du médecin inspecteur de l'assistance médicale.

La privation de traitement de plus de quinze jours, la rétrogradation et la révocation, par les chefs de circonscription, sur la proposition ou après avis du médecin inspecteur de l'assistance médicale et sous réserve de l'approbation du Gouverneur Général.

ART. 22. — Les peines disciplinaires de toute nature ne peuvent être infligées qu'après que les agents incriminés ont été appelés à fournir des explications verbales ou écrites sur les griefs qui leur sont reprochés.

Suspension de fonctions

ART. 23. — Les agents indigènes de l'assistance médicale peuvent être suspendus de leurs fonctions en prévision d'une mesure disciplinaire grave ou d'une information judiciaire. La suspension est prononcée par le Gouverneur Général, sur la proposition motivée du directeur de l'assistance médicale et l'avis des chefs de circonscription, en ce qui concerne les infirmiers principaux indigènes ; par les chefs de circonscription, sur la proposition ou après avis du médecin inspecteur de l'assistance médicale, en ce qui concerne le personnel infirmier subalterne.

Tenue

ART. 24. — La tenue est fixée ainsi qu'il suit :

a) *Infirmiers principaux*

Dolman en flanelle de Chine bleu marine ou dolman blanc, à un seul rang de sept boutons en argent de la dimension du modèle d'ordonnance des écrivains-interprètes.

Au collet : caducée en argent sur fond velours grenat.

Sur la manche et sur fond velours grenat : galon circulaire en argent à dents de scie, de 1 centimètre de largeur.

Pantalon de même étoffe que le dolman.

Coiffure : casque colonial avec caducée en cuivre doré ; casquette du modèle de la marine en drap bleu, avec caducée en argent au-dessus de la visière, et sur le turban, galon circulaire en argent semblable à celui des manches.

b) *Infirmiers*

Les infirmiers sont autorisés à porter les insignes ci-après :

Infirmiers de 3ᵉ classe : Lettres A. M. I. brodées au collet du dolman en coton bleu sur le dolman blanc et en coton blanc sur le dolman noir.

Infirmiers de 2ᵉ et de 1ʳᵉ classe : même initiales en argent et, en outre, un galon de 1 centimètre de largeur sur la manche pour les infirmiers de 1ʳᵉ classe.

Casquette en drap noir portant au-dessus de la visière les lettres A. M. I. brodées en coton pour les infirmiers de 3ᵉ classe et en argent pour les infirmiers de 2ᵉ et de 1ʳᵉ classe.

Dispositions générales

ART. 25 (1). — Le personnel hospitalier indigène de l'assistance médicale est soumis aux dispositions de l'arrêté du 8 octobre 1911 sur la solde et les allocations accessoires du personnel indigène, et de l'arrêté du 24 octobre 1911 sur le transport et les indemnités de route et de séjour, ainsi complété par l'arrêté du 20 août 1912 : « Toutefois les moyens de transport ne sont pas fournis, quelle que soit la distance à parcourir, aux infirmiers et infirmières de l'assistance médicale indigène se déplaçant, pour les besoins du service, dans les limites de la province ou du district autonome de leur résidence ».

L'arrêté du 24 octobre 1911 leur est applicable en ce qui concerne les indemnités de route et de séjour.

ART. 26. — Le personnel hospitalier indigène de l'assistance médicale a droit au logement. Le défaut de logement, lorsque l'administration est dans l'impossibilité de le fournir, ne peut donner lieu à aucune indemnité représentative.

ART. 27. — Le personnel hospitalier indigène de l'assistance médicale astreint à demeurer dans les hôpitaux indigènes a droit à la ration journalière qui ne peut, en aucun cas, être transformée en indemnité représentative.

ART. 28. — Des décisions locales, soumises à l'approbation du Gouverneur Général, fixent les effectifs des infirmiers et infirmières par établissement hospitalier à raison de un infirmier ou infirmière par huit lits.

Dans chaque circonscription, l'effectif des infirmiers principaux ne peut excéder le tiers de celui des infirmiers et infirmières ;

(1) Voir au titre « Transports » la circulaire du 29 juillet 1916.

celui des infirmiers et infirmières de 1re classe ne peut excéder le tiers de l'effectif total des infirmiers et infirmières. L'effectif des infirmiers et infirmières de 1re classe et de 2e classe ne peut excéder les deux tiers de l'effectif total.

Dispositions transitoires

ART. 29. — L'arrêté du 24 octobre 1911, portant organisation du personnel indigène de l'assistance médicale indigène, est abrogé en tout ce qui est contraire aux présentes dispositions.

ART. 30. — MM. le directeur des finances et de la comptabilité, le directeur de l'assistance médicale et les chefs de circonscription intéressés sont chargés, chacun en ce qui le concerne, de l'exécution du présent arrêté qui entrera en vigueur à compter de ce jour et sera inséré au *Journal Officiel* de la Colonie et au *Gazetim-Panjakana*.

ERRATUM DU 2 MARS 1916

à l'arrêté du 15 février 1916, portant réorganisation du personnel
hospitalier indigène de l'assistance médicale indigène

HIÉRARCHIE		SOLDE	CLASSEMENT
Au lieu de :			
Infirmiers principaux .... { 1re classe..		1.000 fr.	3e catégorie
2e classe..		800	id.
3e classe..		600	id.
Lire :			
Infirmiers principaux .... { 1re classe..		1.000 fr.	3e catégorie
2e classe..		800	4e catégorie
3e classe..		600	id.

ADDENDUM DU 11 AOUT 1917

à l'article 2 de l'arrêté du 15 février 1916, portant réorganisation du
personnel hospitalier de l'assistance médicale indigène

L'article 2 de l'arrêté du 15 février 1916, portant réor   isation
du personnel hospitalier de l'assistance médicale indigène est   mplété
ainsi qu'il suit :

ART. 2. — ....

« Toutefois, les infirmiers de l'assistance médicale indigène, nom-
« més infirmiers principaux stagiaires et recevant déjà une solde
« supérieure à celle de leur nouvel emploi, conserveront le droit à
« leur ancienne solde pendant la durée de leur stage. »

ARRÊTÉ DU 15 FÉVRIER 1918

portant modification de l'article 13 de l'arrêté du 24 octobre 1911,
portant organisation du personnel indigène de l'assistance médicale

———————

ART. 1er. — L'article 1er de l'arrêté du 11 novembre 1914, portant modification de l'article 13 de l'arrêté du 24 octobre 1911, portant organisation du personnel indigène de l'assistance médicale indigène, est annulé et remplacé par le suivant :

« *Art. 13.* — Les avancements sont accordés exclusivement au choix. Les promotions sont faites les 1er janvier et 1er juillet de chaque année.

« Les avancements sont accordés :

« 1° Par le Gouverneur Général, sur la proposition du directeur de l'assistance médicale indigène, en ce qui concerne les médecins et sages-femmes.

« A cet effet, le directeur de l'assistance médicale établira et adressera au Gouverneur Général, avant le 1er décembre de chaque année, un état mentionnant les noms des médecins et sages-femmes indigènes proposés, leur grade, la date de leur dernière nomination, l'avancement demandé et les motifs détaillés de la proposition.

« Le stage pour l'avancement est supprimé pour les emplois de médecins de 2e, 3e et 4e classe.

« Seuls les médecins de 1re classe ne pourront être inscrits au tableau d'avancement pour le grade de médecin principal de 2e classe qu'après avoir subi avec succès un examen passé à l'expiration d'un stage de six mois effectué à l'hôpital principal de l'assistance médicale de Tananarive, examen portant sur la clinique, la médecine opératoire, la thérapeutique et l'administration, et destiné à permettre la vérification de leurs aptitudes professionnelles, ainsi que la façon dont ils se sont tenus au courant de la science.

« Tous les médecins de 1re classe seront assujettis à accomplir ce stage ; ils seront appelés à Tananarive, par ordre d'ancienneté, sur convocation du directeur de l'assistance médicale indigène.

« L'examen sera passé devant un jury de trois membres désignés annuellement par le Gouverneur Général, sur la proposition du directeur de l'assistance médicale indigène.

« Les médecins de 1re classe qui auront subi avec succès cet examen recevront un certificat d'aptitude au grade de médecin principal.

6

« Dans le cas où le tableau d'avancement ne serait pas épuisé dans l'année, les médecins restant inscrits à ce tableau prendront rang en tête du tableau de l'année suivante.

« Dans le cas où l'un des intéressés aurait été l'objet d'une mesure disciplinaire grave, sa radiation du tableau d'avancement pourra être prononcée par le Gouverneur Général, sur la proposition du directeur de l'assistance médicale indigène.

« Les médecins de 1re classe appelés à Tananarive en vue d'effectuer le stage et passer l'examen dont il vient d'être fait mention n'auront droit qu'aux moyens de transport prévus par l'arrêté du 24 octobre 1911, relatif aux déplacements du personnel indigène ; s'ils sont mariés, ils recevront une indemnité journalière de 0 fr. 75 pendant la durée du séjour à Tananarive, y compris le temps nécessaire pour s'y rendre ; cette disposition n'est pas applicable aux médecins en service dans la province de Tananarive.

« Les médecins de 1re classe refusés à l'examen pourront être admis une seconde fois seulement à effectuer un nouveau stage.

« 2° Par les chefs de circonscription, après avis du directeur de l'assistance médicale, sous réserve de l'approbation du Gouverneur Général et dans la limite des crédits inscrits au budget en ce qui concerne le personnel infirmier.

« Dans ce but, les chefs de circonscription adresseront au Gouverneur Général, avant le 1er décembre de chaque année, une décision portant avancement dans le personnel infirmier. »

ART. 2. — Les dispositions contraires au présent arrêté sont et demeurent abrogées.

ART. 3. — MM. le directeur de l'assistance médicale indigène, le directeur des finances et de la comptabilité et les chefs de province intéressés sont chargés, chacun en ce qui le concerne, de l'exécution du présent arrêté, qui entrera en vigueur le 1er janvier 1918 et sera inséré au *Journal Officiel* de la Colonie.

Tananarive, le 5 février 1918.

M. MERLIN.

EXERCICE
DE LA MÉDECINE INDIGÈNE

DÉCRET DU 22 DÉCEMBRE 1916

portant réglementation de la médecine indigène et de l'exercice de la profession de sage-femme à Madagascar

TITRE Ier

ART. 1er. — L'exercice de la médecine indigène est autorisé dans la colonie de Madagascar et Dépendances.

ART. 2. — Il est créé, à cet effet, à Madagascar, un service de praticiens spécialement destinés aux populations indigènes ; ces praticiens comprennent des médecins indigènes et des sages-femmes indigènes. Seuls peuvent prendre le titre de médecin indigène ou de sage-femme indigène ceux qui ont reçu de l'école de médecine de Tananarive un certificat d'aptitude provisoire.

ART. 3. — Les médecins et sages-femmes indigènes sortant de l'école ne pourront s'installer comme médecins ou sages-femmes libres qu'après être restés au service de l'assistance médicale indigène, les médecins pendant dix ans et les sages-femmes pendant cinq ans.

ART. 4. — Les médecins et sages-femmes indigènes ne pourront être autorisés à faire de la clientèle payante au cours de leur temps de service à l'assistance médicale indigène, qu'après l'obtention d'un certificat d'aptitude définitif qui leur sera délivré après quatre années de fonctions comme médecins ou sages-femmes de l'assistance médicale indigène, par décision du Gouverneur Général rendue sur le rapport favorable du directeur du service de santé, le médecin inspecteur de l'assistance médicale indigène de la circonscription consulté.

Dans certains cas exceptionnels, en raison des exigences du service ou des conditions particulières dans lesquelles ils se trouveront, les médecins et sages-femmes, par dérogation aux dispositions précédentes, pourront recevoir une autorisation spéciale de faire de la clientèle payante avant d'avoir obtenu le certificat d'aptitude définitif. Cette autorisation sera accordée par le Gouverneur Général dans la même forme que le certificat d'aptitude définitif.

ART. 5. — Le Gouverneur Général détermine les circonscriptions dans lesquelles le service des praticiens indigènes libres sera établi. Les praticiens, médecins ou sages-femmes indigènes, munis du certificat d'aptitude définitif et libérés de tout service vis-à-vis de l'administration, ne pourront exercer leur art que dans une localité qui fera partie de ces circonscriptions. Ils devront, avant de se fixer dans une localité ou de changer de résidence, obtenir de l'administration l'autorisation nécessaire. Cette autorisation est révocable.

Art. 6. — Les médecins indigènes peuvent être autorisés à avoir au lieu de leur résidence un approvisionnement des médicaments dont la nomenclature est fixée par le comité d'hygiène et de salubrité publiques de la Colonie et en faire la délivrance à leurs malades, pourvu qu'ils résident dans une localité dépourvue de pharmacien diplômé et distante d'un myriamètre de toute officine.

Art. 7. — Les praticiens indigènes, médecins et sages-femmes, sont placés, en ce qui concerne l'exercice de leur art, sous la surveillance et le contrôle du directeur du service de santé de la Colonie et des docteurs en médecine délégués par lui à cet effet.

Art. 8. — Un arrêté du Gouverneur Général détermine les obligations professionnelles imposées aux praticiens indigènes et, en général, toutes les prescriptions relatives au bon fonctionnement du service. Il fixe les conditions dans lesquelles s'exercent le contrôle et la surveillance de ces praticiens et, en général, les prescriptions relatives au fonctionnement de la médecine indigène.

Art. 9. — Sont passibles des peines édictées par les articles 16, 18, 19, 20, 26 et 27 de la loi du 30 novembre 1892 :

1° Les indigènes qui usurperaient le titre de praticien indigène, tel qu'il résulte des dispositions du présent décret (cette disposition n'est pas applicable aux indigènes pratiquant habituellement la circoncision musulmane) ;

2° Les praticiens indigènes, même porteurs d'un certificat d'aptitude, qui exerceraient sans autorisation administrative personnelle en dehors de la localité pour laquelle ils ont reçu l'autorisation ;

3° Les praticiens qui contreviendront aux dispositions de la réglementation en vigueur concernant l'exercice de leur art.

Art. 10. — La suspension temporaire ou l'interdiction absolue de la médecine, en ce qui concerne les praticiens indigènes, médecins ou sages-femmes, peut être prononcée par le Gouverneur Général :

1° Sur la proposition du directeur du service de santé pour manquements professionnels ;

2° Après avis du conseil d'administration de la Colonie pour toute autre cause.

TITRE II

Scolarité

Art. 11. — L'école de médecine de Tananarive, créé par arrêté du 11 décembre 1896, est maintenue. Elle est placée sous la direction d'un docteur en médecine et sous le contrôle technique du directeur du service de santé.

Le directeur de cette école est nommé par le Gouverneur Général, après avis du directeur du service de santé.

Les professeurs sont nommés par décision du Gouverneur Général sur la proposition du directeur de l'école de médecine et l'avis conforme du directeur du service de santé.

Etudes médicales

Art. 12. — Les études médicales sont d'une durée de quatre ans et portent sur les matières suivantes :

Notions élémentaires de physique et de chimie médicales, d'histoire naturelle médicale. Travaux pharmaceutiques.

Anatomie descriptive. Notions élémentaires d'anatomie des régions et de physiologie. Travaux de dissection. Pratique des pansements, de la petite chirurgie, de l'art dentaire, de la vaccination. Pathologie et clinique internes.

Pathologie et clinique externes (les études de pathologie et de clinique internes et externes seront limitées aux affections observées dans la Colonie ; elles porteront sur les signes et les caractères des maladies d'après l'observation au lit du malade, sur leur marche, leur diagnostic, leur pronostic et leur traitement).

Pratique des opérations d'urgence.

Notions élémentaires d'hygiène et de thérapeutique appliquées.

Posologie des médicaments.

Théorie et pratique des accouchements.

Devoirs professionnels ; administration des services médicaux indigènes.

Pendant toute la durée de leurs études, les médecins sont astreints au stage hospitalier.

Etudes pour les sages-femmes

Art. 13. — Les études en vue de l'obtention du certificat d'aptitude de sage-femme indigène sont de trois années ; elles sont théoriques et pratiques et portent sur les matières suivantes : première année : anatomie, physiologie et pathologie élémentaires ; deuxième et troisième années : théorie et pratique de l'accouchement normal; pratique de la vaccination.

Dispositions communes

Art. 14. — Les élèves ont à subir, à la fin de chaque année d'études, un examen de passage justifiant des connaissances acquises. Tout élève qui n'a pas satisfait à cette épreuve doit subir un nouvel examen au début de l'année scolaire suivante ; en cas d'échec, il est tenu de recommencer son année de scolarité ; en cas d'un nouvel échec, il est licencié.

Art. 15. — A la fin des études scolaires et après épreuves probatoires, il est délivré, sur la proposition du jury d'examen, un certificat d'aptitude provisoire aux candidats qui y auront satisfait.

Le certificat de praticien indigène ne pourra être délivré qu'à un indigène originaire de l'île ou de ses dépendances.

Art. 16. — Le Gouverneur Général déterminera les conditions dans lesquelles s'accompliront le recrutement de l'école et les stages, ainsi que la composition et le mode de fonctionnement des divers jurys.

Il fixe les voies et moyens financiers nécessaires pour l'exécution du présent décret.

TITRE III
Dispositions générales et transitoires

Art. 17. — Les praticiens indigènes, médecins et sages-femmes, ne possédant pas le certificat d'aptitude délivré à la sortie de l'école de médecine, mais ayant régularisé leur situation conformément aux dispositions de l'arrêté du Gouverneur Général en date du 25 mars 1905, pourront continuer à exercer la médecine dans les mêmes conditions que les autres praticiens indigènes.

Art. 18. — Sont abrogées toutes dispositions contraires au présent décret, et notamment le décret du 7 mars 1904.

Art. 19. — Le ministre des colonies est chargé de l'exécution du présent décret qui sera publié aux *Journaux Officiels* de la République française et de la colonie de Madagascar et inséré au *Bulletin Officiel* du ministère des colonies.

ARRÊTÉ DU 24 MARS 1917
réglementant les obligations des médecins et sages-femmes libres

---

TITRE Ier

Art. 1er. — Les médecins et sages-femmes indigènes exerçant librement leur art dans les conditions du décret du 22 décembre 1916 sont soumis aux obligations professionnelles et administratives fixées par le présent arrêté.

Art. 2. — Le nombre des médecins libres qui peuvent être autorisés à exercer dans chaque province ou district est fixé par le tableau n° 1 annexé au présent arrêté.

Si le nombre maximum n'est pas atteint, il n'en résulte aucun droit pour les médecins demandant l'autorisation d'exercer.

Aucune limitation n'est fixée pour les sages-femmes.

Art. 3. — L'autorisation d'exercice est accordée aux médecins et sages-femmes par décision spéciale du Gouverneur Général, après avis du directeur du service de santé et du chef de la province intéressée.

Art. 4. — Il est interdit aux médecins et sages-femmes de s'installer et de faire tout acte d'exercice professionnel avant d'avoir obtenu l'autorisation régulière, avant d'avoir déposé leurs diplômes au greffe du tribunal de 1re instance, de la justice de paix à compétence étendue ou du tribunal du 2e degré suivant le cas.

Art. 5. — Les médecins et sages-femmes ne peuvent solliciter leur inscription au rôle des patentes hors du lieu pour lequel ils sont autorisés.

Art. 6. — L'autorisation d'exercice implique, pour tout médecin et sage-femme, l'obligation d'avoir un domicile réel et permanent dans la localité où ils exercent. Chaque décision indique le domicile du médecin ou de la sage-femme ainsi que les subdivisions administratives où ils ont le droit de pratiquer leur art.

Art. 7. — Tout médecin et sage-femme s'absentant plus de huit jours doit en prévenir par lettre le médecin inspecteur de l'assistance médicale indigène de la province ; à défaut de médecin inspecteur, l'intéressé prévient le chef de district.

Art. 8. — Quand un emploi de médecin libre devient vacant dans une circonscription où le maximum d'autorisation est déjà atteint, un avis inséré à la *Gazelim-Panjakana* fera connaître cette vacance afin d'assurer toute publicité utile permettant aux intéressés de produire leurs titres. Les candidatures ne seront examinées que deux mois pleins après insertion de l'avis au journal.

TITRE II

ART. 9. — Les dépôts de médicaments visés à l'article 6 du décret du 22 décembre 1916 sont l'objet d'une autorisation spéciale, indépendante de celle qui est accordée pour l'exercice de la profession de médecin.

ART. 10. — La distance d'un myriamètre exigée pour la création d'un dépôt de médicaments est calculée à vol d'oiseau ; à Tananarive, elle comptera à partir de la route circulaire.

ART. 11. — Il est absolument interdit aux médecins de débiter des médicaments autres que ceux qui sont inscrits à la nomenclature annexée au présent arrêté (annexe n° 2).

Ils sont autorisés à vendre directement, sans consultation et prescription préalable, les médicaments simples énumérés à l'annexe n° 3.

ART. 12. — Toute consultation est inscrite sur un registre confidentiel indiquant le nom, l'âge, le domicile des consultants, ainsi que le diagnostic posé et la prescription faite.

ART. 13. — Les médecins autorisés à tenir des dépôts de médicaments doivent se conformer à toutes les règles prescrites pour la manipulation des toxiques, leur conservation dans une armoire aux poisons fermant à clef, et leur désignation par des étiquettes rouges ou vertes, par application du décret du 7 mars 1904.

ART. 14. — Les poids et mesures employés par les médecins et sages-femmes libres sont vérifiés par les agents chargés de ce service.

Les poids et mesures sont poinçonnés avant tout usage ; les médecins et sages-femmes doivent les soumettre aux vérifications périodiques ou inopinées prescrites par les règlements.

ART. 15. — Les sages-femmes ne sont pas autorisées à tenir les dépôts de médicaments prévus par le décret du 22 décembre 1916 ; elles ne peuvent posséder, à leur domicile, que les médicaments et produits nécessaires aux interventions pratiquées au cours de l'accouchement normal.

Les seuls toxiques qu'elles puissent détenir sont :

1° Les paquets ou comprimés conformes à la formule ci-dessous :

Sublimé...................... 25 centigrammes
Acide tartrique.................. 1 gramme
Colorant .... quantité suffisante

2° Vaseline au sublimé à 1/100 ;

3° Nitrate d'argent : 1 gramme.

Eau distillée : 100 grammes.

ART. 16. — Il est interdit aux médecins et sages-femmes de se livrer au commerce des substances vénéneuses, dans les conditions réglementées par le décret du 12 novembre 1916.

ART. 17. — Les médecins désireux d'ouvrir des maisons de santé, les sages-femmes voulant créer des maternités particulières doivent se conformer aux dispositions des arrêtés du 8 décembre 1909 et du 7 février 1915, réglementant le fonctionnement des maisons de santé.

TITRE III

ART. 18. — Les médecins inspecteurs de l'assistance médicale sont délégués directs et permanents du directeur du service de santé pour la surveillance technique et professionnelle des médecins libres.

Au cours de leurs inspections, ils peuvent faire toutes les constatations utiles à l'application des lois et décrets concernant l'exercice de la médecine indigène ; ils sont assermentés à cet effet.

Ils transmettent leurs procès-verbaux d'inspection, s'il y a lieu, au procureur de la République ; copie en est adressée au directeur du service de santé.

A Tananarive-Ville, le médecin municipal est délégué du directeur du service de santé pour la surveillance des médecins libres. La zone suburbaine dépend du médecin inspecteur de l'assistance de la province.

ART. 19. — Les médecins inspecteurs tiennent un contrôle des médecins libres de leur circonscription et rendent compte au directeur du service de santé de tous les faits concernant ce personnel.

Ils doivent signaler les décès des médecins et sages-femmes libres.

ART. 20. — Les médecins et sages-femmes libres sont soumis strictement aux règles du secret médical (Art. 378 du Code pénal) ; les registres des prescriptions médicamenteuses et des maisons de santé ne peuvent être communiqués qu'au médecin inspecteur, lié lui-même par le secret médical.

ART. 21. — Les médecins et sages-femmes libres peuvent être requis, en cas d'épidémie, par le directeur du service de santé, les chefs de circonscription, les agents principaux et ordinaires de la santé, pour l'application des mesures nécessitées par la protection de la santé publique. Des indemnités, dont le taux sera fixé par un texte spécial, leur seront allouées pour ce service.

ART. 22. — Les médecins et sages-femmes libres sont tenus de déclarer les maladies transmissibles qu'ils constatent ; ils sont pourvus à cet effet d'un carnet à souche par les soins de la direction du service de santé. Ils font en outre les déclarations prescrites par le décret du 2 septembre 1914.

Ils déclarent les naissances et décès dans les formes prescrites par la loi.

Art. 23. — Les médecins et sages-femmes libres ne doivent pas exiger d'honoraires supérieurs au taux établi par l'usage ; il leur est interdit de se faire payer d'avance.

Tout abus à cet égard peut provoquer l'application des pénalités prévues à l'article 10 du décret du 22 décembre 1916.

Art. 24. — Les médecins et sages-femmes n'ont pas le droit de réclamer des honoraires pour les vaccinations faites à leur domicile ou au cours d'une visite de malades. Le vaccin leur est fourni gratuitement, sur leur demande, par l'Institut Pasteur de Tananarive.

Art. 25. — Les médecins et sages-femmes libres fournissent, en fin d'année, un rapport et une statistique au directeur du service de santé, qui fixe la forme à donner à ces deux documents.

Art. 26. — Il est formellement interdit aux médecins diplômés de l'école de Tananarive de se servir des titres de « docteur » ou « doktera ».

Art. 27. — Les autorisations d'exercice de la médecine et de tenue de dépôt de médicaments en vigueur à la date du présent arrêté sont maintenues. Les médicaments autorisés précédemment et non inscrits à l'annexe n° 2 pourront être délivrés par les médecins six mois après la même date.

Art. 28. — Les infractions aux dispositions du présent arrêté sont passibles des peines édictées par les articles 16, 18, 19, 20, 26 et 27 de la loi du 30 novembre 1892, conformément au paragraphe 3 du décret du 22 décembre 1916.

Art. 29. — Sont abrogées toutes dispositions contraires à celles du présent arrêté et en particulier les arrêtés du 20 juin 1904 et 31 décembre 1904.

Art. 30. — MM. le directeur du service de santé et les chefs de province intéressés sont chargés, chacun en ce qui le concerne, de l'exécution du présent arrêté qui sera enregistré et communiqué partout où besoin sera.

Tananarive, le 24 mars 1917.

H. GARBIT.

ANNEXE N° 1

Tableau indiquant la répartition, par circonscription, des médecins indigènes libres qui pourront être autorisés à exercer leur profession.

DÉSIGNATION DES CIRCONSCRIPTIONS	NOMBRE maximum d'autorisations à accorder
District autonome d'Ambilobe......................	2
Province d'Ambositra...........................	2
— d'Analalava..........................	2
District autonome d'Ankazobe......................	3
Province de Betroka...........................	2
— de Diego-Suarez.........................	2
— de Farafangana........................	4
— de Fianarantsoa........................	4
— de Fort-Dauphin........................	2
— de l'Itasy..........................	3
— de Maevatanana	2
— de Majunga......................	3
— de Mananjary........................	3
— de Moramanga........................	4
— de Morondava........................	4
— de Maroantsetra......................	3
— de Nosy-Be	1
— de Tamatave........................	2
Province de Tananarive :	
Ville de Tananarive......................	10
Zone suburbaine........................	10
District de Manjakandriana....................	8
— d'Andramasina.....................	6
— d'Ambohidratrimo	8
— d'Arivonimamo......................	8
Province de Sainte-Marie	1
— de Tuléar......................	3
— du Vakinankaratra....................	4
— de Vatomandry......................	2
— de Vohémar.......................	2

ANNEXE N° 2

Nomenclature des médicaments que les médecins indigènes libres peuvent avoir dans les dépôts autorisés par application de l'article 5 du décret du 7 mars 1904 sur l'exercice de la pharmacie à Madagascar.

Acétate d'ammoniaque.
Acide azotique.
— borique.
— citrique.
— chlorhydrique.
— lactique.
— phénique en solution à 25 0/0, étiquette « Usage externe ».
— picrique, solution de 1/100°.
— tartrique.
Aconit (teinture de racine).
Alcool camphré.
Alcoolat de menthe.
Alcoolé de belladone.
— de tolu.
— de quinquina.
Alun en paquets de 0 gr. 50 ou sous forme de comprimés.
Ammoniaque.
Antipyrine.
Atropine (solution de 1/100°).
Benzoate de soude.
Benzo-naphtol.
Bichlorure de mercure en paquets ainsi composés :

Pour un paquet : { Bichlorure de mercure. 25 centigrammes.
Acide tartrique . . . . 1 gramme.
Bleu de méthylène . . . . . quantité suffisante.

Borate de soude.
Bromure de potassium.
Caféine.
Calomel.
Camphre.
Cannelle (teinture de).
Capsules de copahu.
Chloral.
Chloroforme.
Chlorate de potasse en paquets de 4 grammes au plus ou en comprimés.

Codéine en paquets de 5 centigrammes.
Collodion.
Copahu.
Craie préparée.
Créosote de hêtre.
Crésyl.
Cubèbe.
Digitale (teinture de).
Eau de laurier-cerise.
Elixir parégorique.
Eméline (ampoules de 0 gr. 02 et 0 gr. 04).
Ergotine.
Ether sulfurique.
Eucalyptol.
Extrait de belladone.
   — de quinquina.
Fer (sels de).
Glycérine.
Glycérosphosphate de chaux.
Hamamelis Virginica (teinture de).
Huile de foie de morue.
   — camphrée.
   — de ricin.
Hydrastis Canadensis (teinture d').
Iodure de potassium.
Iodoforme.
Ipéca en poudre (paquets de 0 gr. 50 ou comprimés).
Jusquiame (teinture de).
Kermès minéral.
Kola (teinture de).
Lactophosphate de chaux.
Liqueur de Van Swieten (pour usage externe).
Magnésie.
Mercure (biiodure et oxyde jaune).
Nitrate d'argent fondu (crayons).
Noix vomique (teinture de).
Oxyde de zinc.
Pelletiérine (dose).
Permanganate de potasse.
Plomb (acétate).
Polygala sénéga (teinture de).
Pommade mercurielle.
   — d'Helmerich.
Podophyllin.

Poudre de quinquine.
— de moutarde.
Poudre vermifuge composée.

Santonine................ 5 grammes.
Sucre de lait pulvérisé..... 95 —

Pastilles ou bonbons vermifuges à la santonine.
Protoiodure de mercure (pilules de 5 centigrammes).
Ratanhia (extrait de).
Rhubarbe (poudre de).
Salol.
Salicylate de bismuth.
— de soude.
Scille (teinture de).
Séné (follicules).
Sinapisme Rigollot.
Sirop d'iodure de fer.
Solution arsenicale (non injectable).

Arrhénal................ 20 centigrammes.
Eau distillée............. 100 c. c.
Alcool de menthe........ XL gouttes.

(Chaque cuillerée à café de solution contient 1 centigramme d'arrhénal).
Soufre.
Sparadrap diachylon.
Sparadrap vésicant.
Sulfate de quinine et autres sels de quinine.
Sulfate de magnésie.
Sulfate de soude.
Sulfate de zinc.
Tannin.
Teinture d'iode.
Teinture d'opium.
Teinture de jalap composée (eau-de-vie allemande).
Terpine.
Valériane (teinture de).
Vaseline boriquée.
Pièces de pansements diverses.

Nota N° 1. — Sont seuls autorisés à avoir en dépôt des ampoules de chlorydrate de morphine à 1 centigramme, les médecins tenant un dépôt de médicaments dans une localité située à 10 kilomètres de tout hôpital ou poste de l'assistance médicale. Le nombre des ampoules détenues ne sera pas supérieur à vingt.

Les autres médecins pourront s'en procurer soit chez les pharmaciens de l'île sur prescription régulière, soit par cession demandée au médecin de l'assistance médicale le plus proche.

NOTA N° 2. — Tous les médicaments doivent être conformes aux prescriptions du Codex 1908.

ANNEXE N° 3

Nomenclature des médicaments que les médecins indigènes autorisés à tenir un dépôt peuvent céder sans consultation ou visite préalable.

Acide borique, alcool camphré, alcoolé de quinquina, huile de foie de morue, huile camphrée, huile de ricin, iodoforme, ipéca en poudre (paquets de 0 gr. 50 ou comprimés), poudre de quinquina, pommade d'Helmerich, sulfate ou chlorhydrate de quinine, sulfate de soude ou de magnésie, sinapisme Rigollot, sparadrap diachylon, teinture d'iode, vaseline boriquée, pièces de pansements diverses.

Chaque fois qu'une délivrance sera faite au malade lui-même ou à la personne se présentant de sa part, le médecin devra fournir gratuitement des indications sommaires sur la manière d'employer les médicaments délivrés et, au besoin, sur la dose maxima en rapport avec l'âge du malade Les paquets ou les récipients contenant ces médicaments devront porter, à l'encre, la mention « Usage interne », ou « Usage externe » en français et en malgache, ainsi que la nature des médicaments et la quantité contenue dans chaque paquet ou dans chaque récipient.

ANNEXES

ARRÊTÉ

concernant les soins médicaux auxquels peuvent prétendre les fonctionnaires des services coloniaux et locaux et leurs familles

———————

Le Gouverneur Général de Madagascar et Dépendances,

Vu les décrets des 11 décembre 1895 et 30 juillet 1897 ;

Vu la circulaire ministérielle n° 14, du 18 juin 1901, concernant les soins médicaux gratuits auxquels peuvent prétendre à domicile les fonctionnaires civils et leurs familles ;

Considérant qu'il est utile de fixer : 1° les catégories de fonctionnaires ayant droit aux soins gratuits à domicile ; 2° les membres des familles ayant droit à ces soins, ainsi que les limites et conditions dans lesquelles ils pourront les réclamer ;

Sur la proposition de M. le directeur du service de santé,

Arrête :

ART. 1er. — Les fonctionnaires des services coloniaux et locaux, ainsi que les familles comprenant la femme et les enfants mineurs, ont droit, en principe, aux soins médicaux gratuits à domicile.

ART. 2. — Les soins gratuits à domicile sont donnés soit par un médecin civil, soit par un médecin militaire désigné à cet effet par le directeur du service de santé, conformément aux ordres du Gouverneur Général.

Le médecin désigné recevra une rétribution de la Colonie pour ce service.

ART. 3. — En principe, les visites à domicile ont lieu à la requête de l'autorité la plus élevée dont dépend le fonctionnaire intéressé.

Les visites aux membres des familles des fonctionnaires sont faites dans les mêmes formes que pour le chef de famille et par le médecin chargé de donner ses soins à ce dernier.

ART. 4. — Lorsque le médecin s'est rendu compte que la maladie du fonctionnaire est grave, ou doit être de longue durée, il peut demander l'envoi du malade à l'hôpital.

Dans ce cas, si le malade préfère rester à son domicile, il cesse d'avoir droit aux soins gratuits.

ART. 5. — Le fonctionnaire reste libre de s'adresser à un médecin autre que celui qui est régulièrement désigné pour lui donner ses soins, mais les honoraires du médecin de son choix sont à sa charge.

Art. 6. — Les femmes des fonctionnaires n'ont pas droit aux soins gratuits pour un accouchement, acte physiologique qui demande des soins minutieux et de longue durée.

Art. 7. — MM. le secrétaire général et le directeur du service de santé sont chargés, chacun en ce qui le concerne, de l'exécution du présent arrêté.

Tananarive, le 19 décembre 1904.

GALLIENI.

CIRCULAIRE MINISTÉRIELLE

relative aux conditions dans lesquelles les médecins des troupes coloniales peuvent pratiquer la médecine civile

Paris, le 18 octobre 1909.

L'exercice de la clientèle civile par les médecins militaires aux colonies a, de tout temps, soulevé des difficultés qui ont nécessité à maintes reprises l'intervention ministérielle.

La circulaire du 1er juin 1893 avait reconnu aux médecins du corps de santé des colonies la faculté d'exercer cette clientèle. Mais elle les soumettait à toutes les obligations imposées aux médecins civils dans la même colonie, telles que le payement de la patente ; elle leur prescrivait, en même temps, de se montrer modérés dans la réception des honoraires et de ne jamais les solliciter ni les exiger judiciairement.

Mais cette réglementation générale a dû, par la suite, être complétée par des nouvelles dispositions.

La circulaire du 28 décembre 1903 vint interdire d'une façon absolue aux médecins des troupes coloniales employés dans les services militaires ou les services généraux des colonies : 1° de donner aucune consultation autrement qu'à titre absolument gratuit dans les établissements de l'Etat et, à plus forte raison, d'employer pour les consultations payantes du matériel ou des médicaments de l'Etat ; 2° de délivrer aucun médicament autrement que dans les formes régulières autorisées par les règlements ; 3° de se faire rétribuer en aucune façon et en aucun cas pour les soins qu'ils peuvent donner, même en dehors des établissements de l'Etat, aux officiers, aux fonctionnaires ou à leurs familles. D'autre part, cette circulaire spécifiait que, dans les cas où il est fait appel aux médecins coloniaux pour donner des soins à des colons, à des indigènes et, d'une façon générale, à des personnes n'y ayant pas droit gratuitement, il importait que les honoraires demandés fussent modérés, afin de laisser ces soins à la portée de tous

La circulaire du 18 juin 1904 a encore précisé et complété les conditions d'application de la précédente. Elle spécifiait que : 1° les officiers et fonctionnaires militaires, ainsi que leurs familles, sont soignés gratuitement à domicile, lorsqu'il y a lieu, par le médecin désigné pour donner ses soins au chef de famille dans les conditions et dans les formes déterminées par les règlements militaires ; 2° les fonctionnaires civils du service colonial et des services locaux, de même que leurs familles, ont droit, dans certaines catégories, aux soins gratuits à domicile ; des décisions de l'autorité locale doivent déterminer quelles sont les catégories, quels sont les membres de la famille pouvant prétendre à ces soins, ainsi que les conditions et les limites dans lesquelles ils peuvent être exigés ; 3° les médecins qui pourraient être appelés, dans ces conditions, à donner gratuitement leurs soins à des fonctionnaires civils et à leurs familles, sont choisis soit parmi les médecins civils rétribués à cet effet par la colonie, soit parmi les médecins du service général désignés par le directeur du service de santé conformément aux ordres du Gouverneur. Dans le cas où il en résulterait de plus grandes facilités pour assurer ce service, ces médecins peuvent aussi être pris par le directeur du service de santé parmi ceux affectés à un service militaire ou en service hors cadres, après entente avec le commandant supérieur des troupes ou l'autorité civile intéressée ; 4° les droits aux soins gratuits à domicile cessent d'être acquis lorsque l'intéressé préfère s'adresser à un médecin militaire autre que celui régulièrement désigné à cet effet, ou se faire traiter à domicile lorsque l'entrée à l'hôpital a été ordonnée ; les médecins militaires, acceptant de donner leurs soins dans ces conditions, peuvent alors accepter des honoraires, mais conformément aux prescriptions de la circulaire du 1er juin 1893, ils doivent se montrer modérés dans leur réception ; et il leur est interdit de les solliciter et, à plus forte raison, de les exiger judiciairement ; 5° les Gouverneurs peuvent, toutes les fois qu'ils le jugent utile, édicter un tarif maximum des honoraires pouvant être acceptés par les médecins consentant à donner leurs soins dans ces dernières conditions.

L'instruction du ministre de la guerre en date du 12 avril 1906, fixant les conditions dans lesquelles l'armée et ses membres peuvent prêter leurs concours effectif à des entreprises civiles ou se livrer individuellement à des occupations non militaires, a prescrit que la pratique de la clientèle civile par les médecins militaires doit être désintéressée et gratuite. Ceux-ci doivent se borner, en principe, à donner leur concours à leurs confrères civils, sans jamais leur faire concurrence. Il est interdit aux médecins et vétérinaires de payer patente et de tenir en ville un cabinet de consultation.

Ces dernières dispositions sont d'ordre général et, en principe, elles s'adressent indistinctement à tous les médecins des troupes coloniales, qu'ils soient en service aux colonies ou dans la métropole.

Toutefois, leur stricte application pourrait, dans bien des cas, présenter aux colonies de graves inconvénients. Il est encore bien des points où la pénurie et même l'absence complète de médecins civils ne laissent aux colons et aux indigènes d'autre assistance que celle des médecins militaires.

Il convient en conséquence, dans l'intérêt même de la colonisation, d'apporter quelque tempérament aux règles strictes édictées par l'instruction du 12 avril 1906. Mais, d'autre part, les dispositions qui pourraient être prises dans ce sens doivent être considérées comme présentant un caractère exceptionnel et transitoire ; il doit être entendu qu'elles devront prendre fin dès que le recrutement des médecins civils sera suffisamment assuré, afin qu'elles ne soient pas un obstacle au courant d'émigration des médecins civils de la métropole vers nos diverses colonies.

Pour concilier ces diverses nécessités, j'ai décidé que l'exercice de la médecine civile par les médecins militaires peut être toléré aux colonies, mais seulement dans le cas et dans les limites où pourrait l'exiger l'intérêt général et qu'il vous appartiendra de déterminer en conformité des règles générales indiquées ci-après.

Dans toutes les localités où les médecins civils sont en nombre suffisant pour assurer les besoins de la population, les dispositions de l'instruction du 12 avril 1906 devront être strictement appliquées. Dans toutes les autres localités, vous vous référerez aux prescriptions contenues dans les circulaires du 28 décembre 1903 et du 18 juin 1904, telles qu'elles ont été rappelées ci-dessus, et vous étendrez au cas des colons ou des indigènes traités par des médecins militaires, les prescriptions du dernier paragraphe de cette dernière circulaire, libellé comme suit : d'une façon générale, il appartient aux Gouverneurs généraux ou Gouverneurs de déterminer par des décisions locales :

1° Les catégories des fonctionnaires civils (coloniaux ou locaux, etc.) ayant droit aux soins gratuits à domicile ;

2° Les membres des familles des fonctionnaires ayant droit à ces soins et les limites et conditions dans lesquelles ils pourront les réclamer.

Vous voudrez bien donner dans ce sens toutes les instructions de détail que vous jugerez utiles et vous tiendrez la main à ce qu'elles soient rigoureusement observées. Il vous appartiendra, en particulier, de fixer quelles sont les localités de votre gouvernement où les médecins militaires, à défaut d'un nombre suffisant de médecins civils, peuvent être autorisés à faire de la clientèle civile, et vous arrêterez les tarifs du maximum d'honoraires qu'ils pourront accepter dans les cas, déterminés ci-dessus, où ils ne doivent pas des soins gratuits.

En m'accusant réception de la présente circulaire, vous me rendrez compte des dispositions que vous aurez prises pour assurer l'exécution des prescriptions qu'elle contient.

GEORGES TROUILLOT.

ARRÊTÉ

fixant le prix maximum des honoraires à attribuer aux médecins militaires faisant de la clientèle civile

Le Secrétaire Général des colonies chargé de l'expédition des affaires du Gouvernem ... Général de Madagascar et Dépendances,

Vu les décrets des 11 décembre 1895 et 30 juillet 1897 ;

Vu la circulaire ministérielle n° 11, du 18 juin 1904, au sujet des conditions dans lesquelles les médecins des troupes coloniales peuvent pratiquer la médecine ;

Vu l'arrêté du 19 décembre 1901, concernant les soins médicaux auxquels peuvent prétendre les fonctionnaires des services locaux et leurs familles ;

Vu l'arrêté du 19 juin 1907, fixant le maximum des honoraires à attribuer aux médecins militaires procédant à des accouchements ;

Vu la circulaire ministérielle n° 9, du 18 octobre 1909, au sujet des conditions dans lesquelles les médecins des troupes coloniales peuvent pratiquer la médecine civile ;

Sur la proposition du directeur de service de santé et vu l'avis conforme du général commandant des troupes,

Arrête :

ART. 1er. — Dans les cas où les médecins militaires sont appelés à donner des soins non gratuits aux fonctionnaires ou à leurs familles, ou dans les cas où ces médecins sont appelés à donner des soins à des personnes n'ayant pas droit aux soins gratuits, les prix maxima que pourront accepter ces médecins sont déterminés par le tarif ci-après :

Prix maximum d'une visite ordinaire.........	10 francs.	
— d'une opération simple ordinaire	100	—
— pour une grande opération avec soins consécutifs...........	500	—
— pour un accouchement........	250	—

ART. 2. — MM. le général commandant supérieur des troupes et le directeur du service de santé sont chargés, chacun en ce qui le concerne, de l'exécution du présent arrêté.

Tananarive, le 30 décembre 1909.

H. GARBIT.

CIRCULAIRE CONFIDENTIELLE

à Messieurs les médecins inspecteurs de l'assistance médicale indigène,
s/c de Messieurs les chefs de circonscription.

Tananarive, le 16 juillet 1915.

Il m'a été rendu compte dernièrement qu'un médecin indigène de colonisation avait réclamé des honoraires exagérés à un Européen qui avait eu besoin de ses soins.

J'ai l'honneur de vous prier de bien vouloir adresser une circulaire confidentielle aux médecins placés sous vos ordres pour leur recommander de se montrer réservés dans leurs demandes d'honoraires. S'il est équitable qu'ils soient rémunérés pour le surcroît de travail et de peine que peuvent leur occasionner les soins à donner aux personnes qui les font appeler et qui ne peuvent prétendre aux secours gratuits de l'assistance, ils doivent toujours être aussi modérés que possible dans leurs tarifs de consultations et de visites.

Il n'est guère possible de fixer le montant des honoraires à demander dans tous les cas qui peuvent se présenter. Vous pourriez cependant, à titre d'indication et pour les cas ordinaires, fixer le prix de la consultation à 1 fr. 50, celui de la visite à domicile à 3 francs, et celui d'un accouchement normal à 40 francs. Au cas où le médecin serait appelé à se déplacer pour se rendre auprès d'un malade résidant en dehors de la localité, il pourrait demander, en sus du prix ordinaire de la visite, une somme de 0 fr. 25 par kilomètre parcouru. Il conviendrait, enfin, d'inviter les praticiens indigènes à vous demander conseil dans les cas difficiles ou toutes les fois qu'il pourrait y avoir contestation de la part du client.

Je tiendrai compte, dans l'établissement des notes annuelles et des propositions pour l'avancement, du désintéressement dont auront fait preuve les médecins indigènes dans l'exercice de la clientèle civile.

En m'accusant réception de la présente circulaire, vous voudrez bien me rendre compte des instructions que vous aurez données à ce sujet.

A. DUVIGNEAU.

Approuvé :
Tananarive, le 16 juillet 1915.
Le Gouverneur Général,

H. GARBIT.

CIRCULAIRE
au sujet des honoraires auxquels peuvent prétendre les médecins indigènes

---

Tananarive, le 6 juillet 1917.

L'administrateur en chef des colonies chargé de l'expédition des affaires de Gouvernement Général de Madagascar et Dépendances, à Messieurs les chefs de province et de district autonome.

Le 11 juillet 1915, par une circulaire adressée sous votre couvert à MM. les médecins inspecteurs de l'assistance médicale indigène, M. le directeur du service de santé a fixé, à titre d'indication, les honoraires auxquels peuvent prétendre les médecins indigènes pour les soins qu'ils sont appelés à donner aux Européens.

Ces prescriptions semblent avoir été perdues de vue. Il m'est en effet signalé que certains de ces praticiens, non seulement continuent à réclamer des honoraires exagérés, mais, fait beaucoup plus grave, se font payer par les indigènes pour leur donner les soins auxquels ils ont droit gratuitement.

Ces pratiques ne peuvent être tolérées. Elles nuisent considérablement au développement de l'assistance médicale indigène, notamment parmi les populations les plus arriérées de la Grande Ile, qui montrent une répulsion marquée à adopter nos méthodes médicales et au sein desquelles le médecin indigène, par son dévouement désintéressé, devrait être, au contraire, un auxiliaire de notre action civilisatrice, un collaborateur de notre politique indigène.

Je vous serais obligé de vouloir bien porter les présentes instructions à la connaissance du personnel médical indigène placé sous vos ordres, en assurer la stricte application et faire connaitre aux intéressés que je me verrai dans l'obligation de sévir contre toutes dérogations aux présentes dispositions.

E. HESLING.

ARRÊTÉ

fixant les honoraires, vacations et indemnités de route et de séjour des médecins indigènes requis régulièrement pour procéder à des visites, autopsies ou expertises.

Le Gouverneur Général de Madagascar et Dépendances,

Vu les décrets des 11 décembre 1895 et 30 juillet 1897 ;

Vu l'article 5 du décret du 7 mars 1901, portant règlement de la médecine indigène à Madagascar,

Arrête :

ART. 1er. — Les honoraires, vacations et indemnités de route et de séjour des médecins indigènes requis par l'autorité compétente (administrative ou judiciaire) pour procéder à des visites, autopsies ou expertises, sont fixés ainsi qu'il suit :

1° Honoraires

Pour une visite avec premier pansement.........	4 fr.	»
Pour une opération autre que l'autopsie....	7	50
Pour autopsie avant inhumation...	12	50
Pour autopsie après exhumation...............	17	50
Pour autopsie (avant inhumation...........	7	50
d'un nouveau-né.(après exhumation...........	12	50

2° Vacations

Tout rapport écrit donne droit, au minimum, à une vacation de...........................	2 fr.	50
Toute déposition devant un tribunal ou magistrat instructeur donne également droit à une vacation de............................	2	50

Enfin, les médecins indigènes, requis dans les conditions ci-dessus indiquées, recevront les moyens de transport et les indemnités de route et de séjour fixés par les règlements en vigueur dans la Colonie.

ART. 2. — M. le Secrétaire Général est chargé de l'exécution du présent arrêté.

Tananarive, le 18 avril 1901.

Victor AUGAGNEUR.

ARRÊTÉ

modifiant l'arrêté du 19 décembre 1904 (art. 6), concernant les soins médicaux auxquels peuvent prétendre les fonctionnaires des services coloniaux et locaux et leurs familles.

———

Le Gouverneur Général de Madagascar et Dépendances,
Vu les décrets des 11 décembre 1893 et 30 juillet 1897;
Vu les circulaires ministérielles des 28 décembre 1903 et 18 juin 1904;
Vu l'arrêté du 19 décembre 1904,

Arrête :

ART. 1er. — L'article 6 de l'arrêté du 19 décembre 1904 est modifié comme suit :

Art. 6. — Les femmes des fonctionnaires ayant un traitement colonial (indemnités non comprises) égal ou inférieur à 6.000 francs ont droit aux soins gratuits pour un accouchement dans le cas où elles résident dans une localité ne comportant pas de formation sanitaire du service général (hôpital ou ambulance) et à la condition de s'adresser au médecin désigné pour donner ses soins aux fonctionnaires.

Le prix maximum que pourra accepter un médecin militaire pour un accouchement d'une femme de fonctionnaire, dans tous les cas où ses soins ne sont pas dus gratuitement, est fixé à 250 francs.

ART. 2. — MM. le général commandant supérieur des troupes et le directeur du service de santé sont chargés, chacun en ce qui le concerne, de l'exécution du présent arrêté.

Tananarive, le 19 juin 1907.

Victor AUGAGNEUR.

———

CIRCULAIRE

au sujet de la délivrance des certificats médicaux

———

Tananarive, le 16 janvier 1918.

Le directeur du service de santé, directeur de la santé et de l'assistance médicale indigène de Madagascar, à Messieurs les médecins inspecteurs de l'assistance médicale indigène, s/c de MM. les administrateurs chefs de province.

Il a été constaté, dans plusieurs circonstances, que des fonctionnaires ou agents européens ou indigènes ayant à formuler auprès de l'administration des requêtes pour des motifs divers, produisaient à l'appui de leurs demandes verbales ou écrites des certificats médicaux délivrés soit par des médecins inspecteurs des provinces, soit par des médecins de l'assistance médicale indigène. Cette manière de procéder est de nature à occasionner des difficultés qu'il y a tout intérêt à éviter.

Les médecins inspecteurs de l'assistance médicale indigène ainsi que les médecins indigènes ne doivent délivrer des certificats médicaux aux fonctionnaires ou agents, quel que soit leur rang dans la hiérarchie, que lorsqu'il y ont été invités par une autorité administrative ou judiciaire. Les médecins intéressés sont tenus de limiter leurs conclusions ou réponses aux questions qui leur sont posées par l'autorité qui demande le certificat dont la rédaction pourrait être la suivante :

En exécution de l'ordre de M. . . . . en date du . . . .

Je soussigné (Nom, prénoms, grade, fonctions) . . . . certifie avoir visité M. . . . . et avoir constaté (description sommaire des symptômes observés, et énonciation de la maladie s'il y a lieu) ;

J'estime que : (répondre aux questions posées par l'autorité requérante).

Ces certificats ne doivent pas être remis aux intéressés ; ils sont adressés directement par le médecin à l'autorité qui les a demandés, sauf ordre contraire de sa part.

Cette circulaire sera communiquée à tous les médecins de l'assistance médicale indigène.

CAMAIL.

Approuvé :

Tananarive, le 20 janvier 1918.

Le Gouverneur Général,

M. MERLIN.

CIRCULAIRE N° 351 A

à Messieurs les médecins inspecteurs de l'assistance médicale indigène, s/c de MM. les chefs de province et de district autonome

Tananarive, le 9 février 1917.

L'examen des engagés spéciaux incorporés dans les corps indigènes a montré que le nombre d'adultes non vaccinés était considérable, même dans les régions où l'assistance médicale a été organisée depuis longtemps.

Il semble que les médecins indigènes aient pris l'habitude de ne vacciner que les enfants des écoles, et que, d'autre part, les fonctionnaires indigènes, chargés de rassembler la population, se bornent à amener au médecin les enfants que leur assiduité scolaire met à leur disposition. Il en résulte que ce sont toujours les mêmes qui sont soumis à la vaccination.

Je vous rappelle que l'arrêté du 7 janvier 1909 a rendu la vaccination absolument obligatoire dans la première année de la vie, à 8 ans et à 15 ans. En outre, comme de nombreuses personnes adultes ne sont pas vaccinées, je vous prie de prescrire aux médecins indigènes de soumettre désormais au vaccin la population *totale* des villages où ils feront des séances d'inoculations.

Vous aurez à faire comprendre à la population quel intérêt primordial il y a à maintenir et développer l'immunité qui a permis de faire disparaître de la Colonie la variole, maladie qui y faisait autrefois tant de ravages. Il n'est pas douteux que le concours efficace des autorités européennes et indigènes ne vous soit acquis dans cette œuvre sociale.

CAMAIL.

RÉPERTOIRE

Principaux Décrets, Arrêtés Circulaires

concernant le Service de Santé de la Colonie

Abréviations

G. G.   Gouverneur Général.
D. S. S.   Directeur du Service de Santé.

DATE des décrets, arrêtés ou circulaires	ÉNONCÉ DES DÉCRETS ARRÊTÉS OU CIRCULAIRES	JOURNAL OFFICIEL DE MADAGASCAR		PAGE du présent fascicule
		Date	Page	
	A **Aliénés**			
2 janvier 1912	Arrêté supprimant l'asile d'aliénés d'Itaosy et créant un asile à Ambohidratrimo..........	12-1-12	7	
2 janvier 1912	Décision nommant la commission de surveillance de l'asile d'aliénés d'Ambohidratrimo.......	12-1-12	7	
22 janvier 1912	Arrêté fixant à 10 francs le prix de la journée des aliénés européens en traitement à l'asile d'aliénés d'Ambohidratrimo..	22-1-12	90	
10 février 1913	Circulaire du Gouverneur Général relative aux internements d'aliénés ordonnés par l'autorité publique	»	»	
7 avril 1913	Annexe au règlement sur le service intérieur de l'asile d'aliénés d'Ambohidratrimo..	7-4-13	122	
9 février 1914	Arrêté portant suppression de la léproserie d'Ambohidratrimo et réglementation de l'asile d'aliénés d'Anjanamasina....	9-2-14	203	
19 mai 1914	Circulaire au sujet des aliénés indigènes.................	19-5-14	610	
26 juin 1914	Arrêté fixant le taux de remboursement des journées d'hospitalisation des indigènes internés dans les léproseries et asiles d'aliénés.............	1-7-14	831	

DATE des décrets, arrêtés ou circulaires	ÉNONCÉ DES DÉCRETS ARRÊTÉS OU CIRCULAIRES	JOURNAL OFFICIEL DE MADAGASCAR		PAGES du présent fascicule
		Date	Page	
15 février 1917	Arrêté fixant le taux de remboursement de la journée d'hospitalisation des Asiatiques internés à l'asile d'aliénés d'Anjanamasina...............	21-2-17	162	
5 déc. 1917	Arrêté fixant le taux de remboursement du loyer des locaux spéciaux mis à la disposition de certains indigènes aliénés internés à l'asile d'aliénés d'Anjanamasina............	22-12-17	1066	
	Antsirabe			
25 mai 1917	Arrêté portant classement de la station thermale d'Antsirabe.	9-6-17	474	
	Assistance médicale indigène (Organisation générale)			
11 avril 1904	Arrêté promulguant dans la colonie de Madagascar et Dépendances le décret du 2 mars 1904, portant organisation du service de l'assistance médicale et de l'hygiène publique indigènes à Madagascar et Dépendances...............	13 4 04	10881	
2 mars 1904	Rapport et décret ad hoc......	13 4-04	10881	3
15 sept. 1910	Arrêté promulguant le décret du 21 juillet 1910, établissant un budget unique de l'assistance médicale indigène à Madagascar	17-9-10	715	
21 juillet 1910	Rapport et décret ad hoc......	17 9 10	715	6
31 déc. 1910	Arrêté portant réorganisation des services de l'assistance médicale indigène par application du décret du 2 mars 1904, modifié par celui du 21 juillet 1910..................	14 1-11	21	8

DATE des décrets, arrêtés ou circulaires	ÉNONCÉ DES DÉCRETS ARRÊTÉS OU CIRCULAIRES	JOURNAL OFFICIEL DE MADAGASCAR		PAGE lu présent fascicule
		Date	Page	
30 nov. 1917	Circulaire n° 2740-A du D. S. S. au sujet de la déclaration des maladies épidémiques et contagieuses..................	»	»	
	Denrées Voir : *Vivres.*			
	Dépôts de médicaments Voir : *Médicaments.*			
	Ecole de médecine			
11 déc. 1916	Arrêté n° 205 instituant une école de médecine à Madagascar......................	16-12 96	205	
8 janvier 1916	Arrêté modifiant l'arrêté du 11 décembre 1896, instituant une école de médecine à Madagascar............	8-1-16	8	
14 janvier 1916	Règlement portant réorganisation du service intérieur de l'école de médecine (refonte du règlement de septembre 1902..............	22-1-16	73	
4 octobre 1917	Modification au règlement du 14 janvier 1916, réorganisant le service intérieur de l'école de médecine	13-10-17	853	
	Ecoles			
2 août 1909	Circulaire et règlement au sujet du licenciement des écoles en cas d'épidémie..............	14 8 09	554	
	Enfance			
1er avril 1915	Circulaire au sujet de la mortalité infantile...........	3-4-15	372	
31 mai 1915	Circulaire n° 1262-A du D. S. S. au sujet de la distribution gratuite de vêtements chauds aux enfants..................	»	»	
»	Note relative à la confection de vêtements chauds...........	3 6-16	543	

DATE des décrets, arrêtés ou circulaires	ÉNONCÉ DES DÉCRETS ARRÊTÉS OU CIRCULAIRES	JOURNAL OFFICIEL DE MADAGASCAR		PAGE du présent fascicule
		Date	Page	
»	Décision autorisant le prélèvement d'une somme de 4.000 francs sur le budget de l'assistance médicale indigène pour l'achat d'étoffes chaudes et la confection de vêtements à distribuer aux enfants indigènes nécessiteux des hauts plateaux......................	24-2-17	162	
15 mars 1917	Arrêté portant obligation pour les indigènes des différentes région de l'île de vêtir leurs enfants suivant les conditions climatériques...............	17-3-17	227	
4 mai 1917	Addendum au précédent arrêté.	12-5-17	406	
	Épidémiques (maladies) Voir : *Déclaration*. *Police sanitaire générale*.			
	Etablissements privés			
8 déc. 1909	Arrêté rapportant l'arrêté du 25 août 1904 et réglementant le fonctionnement des établissements de bienfaisance privée (hôpitaux, maisons de santé)......................	11-12-09	879	
	Exercice de la médecine (en général)			
28 mai 1901	Arrêté promulguant dans la colonie de Madagascar et Dépendances, le décret du 17 août 1897, qui rend applicable aux colonies la loi du 30 novembre 1892 sur l'exercice de la médecine..............	5-6-01	5907	
	Décret et loi *ad hoc*..........	5-6-01	5907	
12 août 1911	Circulaire ministérielle interdisant le paiement de la patente par les médecins du corps de santé des troupes coloniales......................	11-10-11	891	

DATE des décrets, arrêtés ou circulaires	ÉNONCÉ DES DÉCRETS ARRÊTÉS OU CIRCULAIRES	JOURNAL OFFICIEL DE MADAGASCAR		PAGE du présent fascicule
		Date	Page	
9 août 1915	Arrêté promu'guant dans la colonie de Madagascar et Dépendances le décret du 9 juin 1915, rendant applicable aux colonies la loi du 11 avril 1910 sur l'exercice de la médecine....................	14 8 15	824	
	Rapport et décret ad hoc......	14 8-15	824	
	Exercice de la médecine, (médecine indigène)			
28 février 1913	Arrêté rendant obligatoire dans la Colonie l'enregistrement des diplômes des médecins indigènes aux greffes des tribunaux de 1re instance ou des justices de paix à compétence étendue ou des justices de paix ordinaires......	15-3 13	318	
13 déc. 1913	Arrêté portant modification du précédent..................	13-12-13	1537	
7 février 1915	Arrêté prescrivant la tenue de registres aux médecins indigènes libres ayant obtenu d'ouvrir une maison de santé..	13-2 15	189	
16 février 1917	Arrêté promulguant dans la colonie de Madagascar et Dépendances le décret du 22 décembre 1916 portant, réglementation de la médecine indigène et de l'exercice de la profession de sage-femme à Madagascar..............	17 2-17	136	
»	Rapport et décret ad hoc......	17 2 17	136	82
24 mars 1917	Arrêté réglementant les obligations des médecins et sages-femmes libres.............	31 3 17	267	86
18 mai 1917	Circulaire n° 1200-A du D. S. S. au sujet des médecins et sages-femmes libres..........	»	»	

DATE des décrets, arrêtés ou circulaires	ÉNONCÉ DES DÉCRETS ARRÊTÉS OU CIRCULAIRES	JOURNAL OFFICIEL DE MADAGASCAR		PAGE du présent-scicule
		Date	Page	
	Finances et comptabilité			
	Voir : *Assistance médicale indi gène* (organisation générale). *Léproseries.* *Aliénés.*			
11 mai 1911	Circulaire nº 591 A du D. S. S. au sujet du remboursement de province à province des frais de traitement des indi gènes hospitalisés..........	»	»	
2 avril 1912	Arrêté fixant le prix de la jour née d'hospitalisation des Eu ropéens traités dans les for mations sanitaires de l'assis tance médicale indigène.....	13-4-12	371	15
10 mai 1915	Circulaire du G. G. au sujet de la comptabilité-matières de l'assistance médicale indigène.	22-5-15	550	
	Honoraires (médecins euro-péens)			
18 oct. 1909	Circulaire ministérielle indiquant les conditions dans lesquelles les médecins des troupes co loniales peuvent pratiquer la clientèle civile...............	»	»	98
30 déc. 1909	Arrêté fixant le prix maximum des honoraires à attribuer aux médecins militaires faisant de la clientèle civile............	1-1-10	12	101
	Honoraires (médecins indi-gènes)			
18 avril 1907	Arrêté fixant les honoraires. vacations et indemnités de route et de séjour des méde cins indigènes recquis régu lièrement pour procéder à des visites, autopsies et ex pertises....................	27-4-07	14550	104

DATE des décrets, arrêtés ou circulaires	ÉNONCÉ DES DÉCRETS ARRÊTÉS OU CIRCULAIRES	JOURNAL OFFICIEL DE MADAGASCAR		PAGE du présent fascicule
		Date	Page	
	fonctions d'inspecteur de l'assistance médicale indigène ou de chef de poste médical de l'assistance médicale indigène......................	30-1-15	122	
	Indemnités (médecins indigènes)			
	Voir : *Honoraires.*			
13 juillet 1916	Décision relative aux indemnités à allouer aux médecins indigènes chargés de remplacer provisoirement les médecins européens..................	15 et 22-7-16	691	
	Infirmiers			
	Voir : *Personnel.*			
	Insalubres (Établissements)			
23 mars 1917	Arrêté réglementant les conditions d'ouverture et de fonctionnement des fonderies de graisse et de saindoux et des établissements pour la salaison des viandes............	24-3-17	246	
8 juin 1917	Addendum au précédent arrêté.	16-6-17	507	
	Lépreux			
23 février 1911	Arrêté fixant les conditions d'internement dans les léproseries indigènes de Madagascar.	4-3-11	184	
26 juin 1914	Arrêté fixant le taux de remboursement des journées d'hospitalisation des indigènes internés dans les léproseries et asile d'aliénés......	4-7-14	831	
	Conventions établissant une société d'assistance aux lépreux dans divers gouvernements de la province de Vatomandry...	»	»	

DATE des décrets, arrêtés ou circulaires	ÉNONCÉ DES DÉCRETS ARRÊTÉS OU CIRCULAIRES	JOURNAL OFFICIEL DE MADAGASCAR		PAGE du présent fascicule
		Date	Page	
	Gouvernement d'Ilaka..........	17 7 15	731	
	id. de Vatomandry..	17-7-15	731	
	id. d'Anosibe.......	2 12 16	1132	
	id. de Marolambo..	2-12-16	1133	
	id. de Masomeloka..	10 2-17	113	
	Médecins Inspecteurs			
	Voir : *Assistance médicale indigène.*			
18 déc. 1914	Circulaire n° 2625-A du D. S. S. au sujet des mesures proposées par les médecins inspecteurs en vue d'améliorations à apporter au fonctionnement du service de l'assistance médicale indigène............	»	»	
	Médecins Indigènes de l'assistance médicale Indigène			
	Voir : *Personnel.*			
	Médecins Indigènes libres			
	Voir : *Exercice de la médecine indigène.*			
	Médicaments			
	Voir : *Exercice de la médecine indigène.*			
30 avril 1904	Arrêté concernant les dépôts de médicaments dans la colonie de Madagascar et Dépendances......................	11-5-04	11013	
	Organisation générale de l'assistance médicale Indigène.			
	Voir : *Assistance médicale indigène.*			

DATE des décrets, arrêtés ou circulaires	ÉNONCÉ DES DÉCRETS ARRÊTÉS OU CIRCULAIRES	JOURNAL OFFICIEL DE MADAGASCAR		PAGE du présent fascicule
		Date	Page	
	Paludisme			
1er mars 1911	Circulaire n° 1 du D. S. S. au sujet des mesures à prendre pour 'utter contre le paludisme......................	»	»	52
	Personnel			
24 oct. 1911	Arrêté portant réorganisation du personnel indigène de l'assistance médicale indigène...	4 11-11	989	60
21 oct. 1912	Circulaire au sujet des mutations du personnel indigène..	26 10 12	1030	
16 oct. 1914	Arrêté concernant les mutations et les affectations du personnel indigène	17 10 14	1258	
id.	Circulaire au sujet de l'application du précédent arrêté. ...	17 10 14	1258	
2 déc. 1914	Arrêté allouant, pendant leur séjour à Tananarive, une indemnité journalière de 0 fr. 75 aux médecins indigènes mariés appelés à Tananarive pour y accomplir le stage....	12-12 14	1454	
20 janv. 1915	Arrêté portant création d'un tableau annuel d'avancement pour le personnel indigène des services locaux de Madagascar et Dépendances.......	30 1-15	118	
id.	Circulaire portant modification du § 4 de la circulaire du 28 novembre 1911 au sujet de l'établissement des feuillets individuels et des états de proposition du personnel indigène	30 1-15	118	
19 fév. 1915	Arrêté réglementant le transport des médecins indigènes de l'assistance médicale indigène se rendant à Tananarive pour effectuer le stage réglementaire..............	6-3-15	265	

DATE des décrets, arrêtés ou circulaires	ÉNONCÉ DES DÉCRETS ARRÊTÉS OU CIRCULAIRES	JOURNAL OFFICIEL DE MADAGASCAR		PAGE du présent fascicule
		Date	Page	
1er mai 1915	Circulaire au sujet de la décentralisation en vue de hâter la marche des affaires administratives......................	8 5-15	502	
id.	Arrêté conférant aux directeurs, chefs de service et administrateurs chefs de circonscription, le pouvoir de prendre certaines mesures sans approbation préalable du Gouverneur Général............	8-5-15	502	
19 août 1915	Arrêté portant modification du précédent arrêté............	21 8 13	810	
15 fév. 1916	Arrêté portant réorganisation du personnel hospitalier indigène de l'assistance médicale indigène	19 2 16	172	68
2 mars 1916	Erratum au précédent arrêté....	11 3 16	215	77
26 mars 1916	Arrêté portant réorganisation du stage des infirmiers principaux stagiaires dans les formations sanitaires du service général ou de l'assistance médicale indigène............	1-4 16	310	
11 août 1917	Addendum à l'article 2 de l'arrêté du 15 février 1916, portant réorganisation du personnel hospitalier de l'assistance médicale indigène.....	25 8-17	712	78
31 juillet 1917	Circulaire n° 1782-A du D. S. S. au sujet de l'établissement des notes du personnel de l'assistance médicale indigène...	»	»	
10 déc. 1917	Circulaire n° 2814-A du D. S. S. au sujet des mutations du personnel indigène	»	»	
5 février 1918	Arrêté portant modification de l'article 13 de l'arrêté du 24 octobre 1911, portant organi-			

DATE des décrets, arrêtés ou circulaires	ÉNONCÉ DES DÉCRETS ARRÊTÉS OU CIRCULAIRES	JOURNAL OFFICIEL DE MADAGASCAR		PAGE du présent fascicule
		Date	Page	
18 nov. 1914	Arrêté promulguant dans la colonie de Madagascar et Dépendances le décret du 2 septembre 1914, étendant aux colonies françaises les dispositions du décret du 14 août 1914, édictant des mesures exceptionnelles en vue de prévenir et de combattre les maladies infectieuses	21-11-14	1360	
	Rapport et décret ad hoc......	21-11-14	1360	
4 déc. 1914	Circulaire du G. G. au sujet de l'application des arrêtés du 8 décembre 1909, édictant les prescriptions sanitaires applicables aux agglomérations urbaines et rurales.........	12-12-14	1454	
2 février 1915	Arrêté constituant la commission sanitaire de Madagascar et Dépendances prévue par l'article 10 du décret du 2 septembre 1914.............	6-2-15	159	
id.	Arrêté édictant des mesures en vue de prévenir et de combattre les maladies infectieuses.......................	6 2-15	159	
15 février 1916	Arrêté relatif au transport de personnes atteintes de maladies contagieuses...........	19-2-16	174	
5 avril 1916	Arrêté fixant la composition du comité d'hygiène et de salubrité de la Colonie..........	15-4-16	358	
	Police sanitaire maritime			
27 janv. 1910	Arrêté promulguant dans la colonie de Madagascar et Dépendances le décret du 15 décembre 1909, portant règlement sur la police sanitaire aux colonies................	29-1-10	90	
	Raport et décret ad hoc.......	29-1-10	90	

DATE des décrets, arrêtés ou circulaires	ÉNONCÉ DES DÉCRETS ARRÊTÉS OU CIRCULAIRES	JOURNAL OFFICIEL DE MADAGASCAR Date	Page	PAGE du présent f. scicole
23 mars 1915	Circulaire du G. G., relative à l'arraisonnement des navires.	27 3-15	347	
	Pulmonaires (Affections)			
1er mars 1914	Circulaire n° 1 du D. S. S. au sujet des mesures à prendre pour lutter contre les affections pulmonaires	»	»	
	Quinine			
14 déc. 1905	Arrêté promulguant dans la colonie de Madagascar et Dépendances le décret du 20 octobre 1905, relatif à la vente des sels de quinine dans la colonie de Madagascar et Dépendances..................	16 12-(?	13328	
	Rapport et décret ad hoc......	16 12-05	13328	
31 août 1917	Arrêté déterminant les mesures à prendre pour la distribution de quinine aux particuliers européens et indigènes	8-9 17	750	
	Sages-femmes Voir : *Personnel.*			
	Soins médicaux			
19 déc. 1904	Arrêté concernant les soins médicaux auxquels peuvent prétendre les fonctionnaires de services coloniaux et locaux et leurs familles............	7 1-05	12199	96
19 juin 1907	Arrêté modifiant l'arrêté du 19 décembre 1904 (art. 6), concernant les soins médicaux auxquels peuvent prétendre les fonctionnaires des services coloniaux et locaux et leurs familles..............	22 6 07	14716	105
12 mars 1915	Arrêté portant réglementation du service de santé du personnel européen des douanes à Madagascar et Dépendances	27-3 15	350	

DATE des décrets, arrêtés ou circulaires	ÉNONCÉ DES DÉCRETS ARRÊTÉS OU CIRCULAIRES	JOURNAL OFFICIEL DE MADAGASCAR		PAGE du présent fascicule
		Date	Page	
	Statistique			
	Voir : *Assistance médicale in-digène. — Règlement sur le service intérieur des hôpi-taux, postes médicaux et ma-ternités* (Modèles).			
22 nov. 1916	Circulaire nᵒ 351 du D. S. S. au sujet de l'établissement de la statistique de la santé publi-que	»	»	
	Vaccination			
7 janv. 1909	Arrêté du G. G. au sujet de la vaccination et de la revacci-nation obligatoire, notifié par le D. S. S.	»	»	
9 février 1917	Circulaire nᵒ 351 A du D. S. S. au sujet des vaccinations et revaccinations	»	»	
	Vénéneuses (substances)			
14 mai 1912	Arrêté promulguant dans la co-lonie de Madagascar et Dé-pendances le décret du 19 mars 1912, portant modifica-tion du décret du 25 mars 1911, relatif à la vente et à la circulation de l'arsenic et de ses composés à Madagascar..	18-5-12	486	
	Rapport et décret *ad hoc*	18-5-12	486	
31 août 1917	Arrêté promulguant dans la co-lonie de Madagascar et Dé-pendances le décret du 12 novembre 1916, réglementant l'importation, le commerce, la détention et l'usage des substances vénéneuses, no-tamment l'opium, la morphine et la cocaïne dans la colonie de Madagascar et Dépendan-ces................	6-1-17	2	

DATE des décrets, arrêtes ou circulaires	ÉNONCÉ DES DÉCRETS ARRÊTÉS OU CIRCULAIRES	JOURNAL OFFICIEL DE MADAGASCAR		PAGE du présent fascicule
		Date	Page	
5 janv. 1917	Rapport et décret *ad hoc* ...... Arrêté promulguant dans la colonie de Madagascar et Dépendances le décret du 27 juin 1917, déterminant la forme sous laquelle les arséniates de soude ou de potasse seront admis à l'importation dans la colonie de Madagascar et Dépendances..........	6-1-17 1-9 17	2 733	
	Vivres			
11 février 1915	Lettre-circulaire au sujet des réquisitions de vivres et denrées destinées au service de l'assistance médicale indigène	20-2-15	223	

Principaux actes concernant la médecine
(à titre de documentation)

Accidents du travail

Loi du 9 avril 1898 concernant les responsabilités des accidents dont les ouvriers sont victimes dans leur travail.

Loi du 22 mars 1902, portant modification aux articles 2, 7, 11, 12, 17, 18, 20 et 22 de la loi du 9 avril 1898.

Loi du 31 mars 1905 portant modification aux articles 3, 4, 10, 15, 16, 19, 21, 27 et 30 de la loi du 9 avril 1898.

Tarif spécial des honoraires médicaux pour accidents du travail (tarif Dubief). *Officiel* du 8 octobre 1905.

Aliénés

Loi du 30 juin 1838 sur l'internement des aliénés.

Assistance médicale gratuite

Loi du 15 juillet 1893 portant organisation de l'assistance médicale gratuite.

Déclaration des maladies contagieuses et épidémiques

Loi du 30 novembre 1892 sur l'exercice de la médecine, article 15.

Loi du 15 février 1902 relative à la protection de la santé publique, articles 4 et 5.

Décret du 10 février 1903 fixant la liste des maladies dont la déclaration est obligatoire.

Arrêté ministériel du 10 février 1903 réglant les conditions de la déclaration des maladies épidémiques et contagieuses.

Dentistes

Conditions de l'exercice de la profession de dentiste, article 2 de la loi du 30 novembre 1892, sur l'exercice de la médecine.

Désinfection

Décret du 7 mars 1903 fixant les conditions que doivent remplir les appareils à désinfection.

Décret du 10 juillet 1906 déterminant les conditions d'organisation et de fonctionnement du service de la désinfection.

Ecoles

Loi organique du 30 octobre 1886 sur l'enseignement primaire, article 9 (inspection médicale des écoles).

Décret du 18 janvier 1887, article 3, au sujet du certificat médical pour l'entrée dans une école maternelle.

Arrêté organique sur l'enseignement primaire du 18 janvier 1887, article 3, (visite médicale des écoles maternelles), et article 4 (entrée d'un enfant à l'école maternelle après une absence pour cause de maladie).

Loi du 15 avril 1909 relative à la création de classes de perfectionnemen annexées aux écoles élémentaires publiques et d'écoles autonomes de perfectionnement pour les enfants arriérés.

Enfance

Loi Th. Roussel, du 23 décembre 1874, relative à la protection des enfants du premier âge et en particulier des nourrissons.

Loi du 2 novembre 1892 sur le travail des enfants dans l'industrie et circulaire ministérielle du 20 décembre 1892 concernant l'application de cette loi.

Décret du 20 mai 1897 et règlement du 20 décembre 1897 concernant la création de crèches pour les enfants en bas âge.

Circulaire ministérielle du 12 mars 1907 organisant les consultations de nourrissons.

Exercice de la médecine

Loi du 30 novembre 1892 sur l'exercice de la médecine.

Loi du 14 avril 1910 portant modification de l'article 9 de la loi du 30 novembre 1892.

Expertises

Expertises criminelles : Décret du 18 juin 1811, modifié par le décret du 21 novembre 1893, fixant le taux des honoraires pour les experts en matière criminelle.

Circulaire du ministre de la justice en date du 31 juillet 1891.

Expertises civiles : Décrets du 16 février 1807, du 12 juin 1856, des 30 avril et 13 décembre 1862 au sujet du taux des vacations.

Assistance judiciaire : Loi du 10 juillet 1901 sur l'assistance judiciaire.

Grossesse. — Accouchement

Loi du 17 juin 1913 sur le repos des femmes en couches.

Honoraires médicaux

Loi du 30 novembre 1892 sur l'exercice de la médecine.

Article 2272 du Code civil, modifié par l'article 11 de la loi du 30 novembre 1892 sur l'exercice de la médecine.

Responsabilité médicale

Code civil : articles 1382 et 1383.
Code pénal : articles 319 et 320.

Sages-femmes

Conditions de l'exercice de la profession de sage-femme : titre III de la loi du 30 novembre 1892 sur l'exercice de la médecine.

Santé publique

Loi du 15 février 1902 relative à la protection de la santé publique.

Secours mutuels

Loi du 1er avril 1898 relative aux sociétés de secours mutuels, modifiée par les lois du 31 mars 1903 et 5 décembre 1908.

Secret médical

Code pénal : article 378.

Vaccination

Loi du 15 février 1902 relative à la protection de la santé publique (art. 6).

Décret du 27 juillet 1903 portant règlement d'administration publique sur la vaccination et la revaccination (en vertu de l'art. 6 de loi la du 15 février 1902).

Arrêté ministériel du 28 mars 1904 relatif aux obligations des praticiens chargés des services publics de la vaccine.

Vieillards — Infirmes — Incurables

Loi du 14 juillet 1905, modifiée par la loi de finances du 31 décembre 1907, relative à l'assistance obligatoire aux vieillards, aux infirmes, aux incurables privés de ressources.

Décret portant règlement d'administration publique du 3 août 1909 (art. 5)

Circulaires du ministre de l'intérieur en date des 16 avril 1906, 14 juillet 1908 et 6 mars 1910, portant des instructions pour l'application de la loi du 14 juillet 1905.

Serment d'Hippocrate

Je jure, par Apollon médecin, par Asclépios, Hygie et Panacée, et je prends à témoin tous les dieux, toutes les déesses, d'accomplir, selon mon pouvoir et ma raison, le serment dont ceci est le texte : d'estimer à l'égal de mes parents celui qui m'a enseigné cet art, de faire vie commune, et, s'il est besoin, de partager avec lui mes biens ; de tenir ses enfants pour mes propres frères, de leur enseigner cet art, s'ils ont besoin de l'apprendre, sans salaire ni promesse écrite ; de faire participer aux préceptes, aux leçons et à tout le reste de l'enseignement, mes fils, ceux du maître qui m'a instruit, les disciples inscrits et engagés suivant les règlements de la profession, mais ceux-là seulement. J'appliquerai les régimes, pour le bien des malades, selon mon pouvoir et mon jugement, jamais pour faire tort ou mal à personne. Je ne donnerai à personne, pour lui complaire, un remède mortel ou un conseil qui l'induise à sa perte. De même, je ne donnerai pas à une femme un pessaire abortif. Mais je conserverai purs et ma vie et mon art. Je ne pratiquerai pas la taille sur un calculeux (manifesté) ; je laisserai cette opération aux praticiens.

Dans toute maison où je viendrai, j'y entrerai pour le bien des malades, me tenant loin de tout tort volontaire et de toute séduction, et surtout loin des plaisirs de l'amour avec les femmes et les hommes soit libres, soit esclaves ; ce que dans l'exercice et en dehors de l'exercice, et dans le commerce de la vie, j'aurai vu ou entendu qu'il ne faille pas répandre, je le tiendrai en tout pour un secret. Si j'accomplis ce serment avec fidélité, qu'il m'arrive de jouir de ma vie et de mon art en bonne réputation parmi les hommes pour toujours ; si je m'en écarte et l'enfreins, qu'il m'arrive le contraire.

Serment de l'École de Montpellier

En présence des maîtres de cette école, de mes chers condis-ciples et devant l'effigie d'Hippocrate, je promets et je jure, au nom de l'Être supérieur, d'être fidèle aux lois de l'honneur et de la probité dans l'exercice de la médecine.

Je donnerai mes soins gratuits à l'indigent et n'exigerai jamais une salaire au-dessus de mon travail.

Admis dans l'intérieur des maisons, mes yeux ne verront pas ce qui s'y passe, ma langue taira les secrets qui me seront confiés et mon état ne servira pas à corrompre les mœurs, ni à favoriser le crime. Respectueux et reconnaissant envers mes maîtres, je rendrai à leurs enfants l'instruction que j'ai reçue de leur père.

Que les hommes m'accordent leur estime, si je suis fidèle à mes promesses ! Que je sois couvert d'opprobre et méprisé de mes confrères si j'y manque.

Le médecin selon Hyppocrate

C'est une recommandation pour le médecin d'avoir bon visage et juste embonpoint, selon son tempérament. Car, d'un médecin mal portant, on pense d'ordinaire qu'il ne saura pas non plus soigner les autres. Il faut ensuite qu'il soit net sur sa personne, bien vêtu et qu'il use de parfums agréables dont l'odeur n'ait rien de suspect. Car tout cela dispose le malade en sa faveur. Le médecin sage doit aussi, quant au moral, observer ce qui suit : d'abord savoir se taire, puis régler sa vie, car cela est très important pour la réputation. Il faut qu'il ait le caractère d'un parfait honnête homme, et qu'avec cela, il soit à la fois grave et bienveillant, car l'excès d'empressement, même à rendre service, fera moins respecter. Qu'il observe ce qu'il pourra se permettre. Car les mêmes offices rendus rarement aux mêmes personnes suffisent à les contenter. Quant à sa tenue, elle sera celle d'un homme réfléchi sans morgue. Autrement, il paraît arrogant et dur. Au contraire, s'il s'abandonne au rire et à la gaieté, il devient fatigant et c'est de quoi il faut surtout se garder. Qu'il soit honnête en toutes ses relations, car l'honnêteté lui est souvent d'un grand secours : les malades ont mainte affaire grave avec le médecin, se livrant à lui, sans réserve ; à toute heure, il voit des femmes, des jeunes filles, des objets du plus grand prix. Il lui faut donc partout rester maître de lui-même.

Voilà ce que doit être le médecin au physique et au moral.

TEXTES NOUVELLEMENT PARUS

A INSCRIRE

---

www.ingramcontent.com/pod-product-compliance
Lightning Source LLC
Chambersburg PA
CBHW052212270326
41931CB00011B/2314